Prose and Poetry
of
Modern Sweden

PROSE AND POETRY

OF

MODERN SWEDEN

An Intermediate Swedish Reader

GÖSTA FRANZÉN

UNIVERSITY OF NEBRASKA PRESS · LINCOLN

Manufactured in the United States of America

CONTENTS

* indicates poem

PREFACE

This reader is intended for students who have mastered the basic elements of the Swedish language and are ready for the transition from simple texts to the reading and enjoyment of substantial literature. It should be particularly useful toward the end of a first-year course in Swedish or at the beginning of the second year of study.

The total number of selections is twenty-four: thirteen short stories and extracts from novels and other prose, ten poems, and parts of a verse-epic. The students will therefore be confronted with great variety in regard to style, vocabulary, and content. On the other hand an attempt has been made to achieve a certain chronological and linguistic unity by including selections only from the period after the First World War. The material has been selected on the basis of both relative linguistic simplicity and literary merit. It has been arranged in approximate order of difficulty.

Brief biographical facts about the authors and comments on the selections are given in headnotes, and explanations of difficult expressions have been supplied in footnotes.

Finally, I wish to extend my sincere thanks to the authors, owners of copyrights, and Albert Bonniers Förlag and P. A. Norstedt and Söners Förlag for giving me permission to use the material included in the book. I am also indebted to my colleague Paul Schach, professor at the University of Nebraska, for his kindness in reading the vocabulary section and for the valuable suggestions he has offered.

G.F.

Prose and Poetry
of
Modern Sweden

SVANSEN

Av Bertil Malmberg

BERTIL MALMBERG (1889–1958) is known primarily as a poet. The charming prose work Åke och hans värld *(Åke and His World) is based on memories from his childhood.*

I

Tryggheten i tillvaron, det är barndomens hemlighet, på den se vi så längtansfullt tillbaka, då vi drömma om det förlorade paradiset.

För den vuxne kan det icke bliva tal om trygghet — på sin höjd om en tillfällig bedövning av osäkerhetskänslan, kanske också om ett förbitet trots, som icke *vill* se, icke *vill* veta, "på vilken bräcklig mark vi bygga våra dagars hus."

Men barnet ser icke, barnet vet icke, det ser icke och det vet icke, att det lever i en vacklande värld. Hur lätt dansar det icke på alla sina vägar! Därför kan det icke känna, att det är över gungande tuvor som dess fötter löpa.

Fråga barnet vad elden är, och det skall svara: "Det är brasan och lampan." Kanske skall det också svara: "Det är solen och månen." Eller: "Det är något som sprakar." Eller: "Det är något som blänker." Men det skall icke säga: "Det är något som asklägger och förhärjar, det är förtörstande marker och försmäktande hjärtan och ett sjukt blods rötmånadsfebrar."

Fråga ett barn vad kölden är, och det skall svara: "Det är något som biter i skinnet, så att man får röda kinder." Eller: "Det är något som gör, att det blir slädföre och skridskois." Men är det icke något annat också? Är det icke något som

1

mördar hjärtan och hjärtans lycka? Är det icke ett isande korsdrag genom de mörknande åren? Är det icke något som lägger livet öde — ohjälpligt, skoningslöst? Fråga barnet om den saken, och det skall svara: "Hur då ohjälpligt? Hur då skoningslöst?"

II

Ändå händer det ibland, att en våg från otrygghetens hav rullar in i den långgrunda vik, där barnet leker med sina barkbåtar.

Åke var ett barn. Han kände sig bärgad och skyddad hos de sina. Han var visserligen rädd för en hel del saker, hundar på gatan och dylikt. Men han var icke rädd för livet. Livet och han voro goda vänner.

Nu var det en afton några dagar efter jul. Åke satt i den stora salen på Väja och lekte med en liten ask, som hade ett lock av glas. Och i asken lågo små, små gubbar. Då man gned mot glaset med en sämskskinnspåse, som var fylld med något, reste sig de små, små gubbarna och började hoppa. Åke hade fått förskräckligt mycket julklappar, men han hade ändå mera nöje av den där gamla asken, som hade funnits på Väja, ända sedan hans far var liten, och av de små, små gubbarna. Men det var bara därför att dessa kunde hoppa.

Genom den öppna dörren kunde han se in i arbetsrummet. Där satt farmor i sin länstol med handen bakom örat och hörde på vad faster Göta läste högt för henne. Där sutto också Åkes fader och moder, och där satt Aja och var viktig; ty hon sydde.

Och alla sutto de inom en blek ring av lampljus.

Allting var som det skulle vara, och det var icke möjligt att känna sig mera väl till mods än Åke gjorde.

Farmor var farmor, och faster Göta var faster Göta, pappa och mamma voro pappa och mamma, och Aja var Aja, sådan hon nu var. Och Åke var Åke.

Och de små gubbarna voro de små gubbarna, och något annat skulle de aldrig bliva.

Icke för ett ögonblick for det genom Åkes huvud, att någonting skulle kunna förändras, att någonting främmande och fasansfullt skulle kunna bryta in i detta hem och i hans eget liv. Så trygg kände sig Åke, där han satt och gned med sämskskinnspåsen mot glaset, medan de små, små gubbarna hoppade och snurrade och voro glada i sin lilla värld.

III

Och medan han satt på det viset, råkade han då och då höra något av det som faster Göta läste högt för farmor.

Länge nog hade han lyssnat bara med det ena örat; men plötsligt började han lyssna med bägge.

Ty det som faster Göta nu läste om, det var alltför sällsamt.

Det handlade om en liten negerpojke. Åke hade alltid trott, att negrerna voro mycket lyckliga, därför att de hade krusigt hår. Men den här lille negern var icke lycklig, utan tvärtom; ty det blev en apa av honom.

Först växte det ut en svans på den lille negern, och det tog förstås tid. Och sedan fick han hår på hela kroppen. Men när han hade blivit en riktig apa, ville ingen veta av honom längre, icke ens hans moder. Och man tog stenar och drev honom till skogs. Där fick han klättra i träd.

Men om kvällarna, då det blev mörkt, kom han tillbaka till negerbyn och satte sig och tjöt utanför sin moders hydda. Och han tjöt alldeles rysligt, ända tills man körde bort honom.

Åke tyckte, att det var kusligt att tänka på den stackars lille negern, som var så övergiven. Och det ville icke gå att leka[1] längre.

Därför steg han upp och gick in till de andra.

Men nu skedde det något, som Åke minst av allt hade väntat.

1. *Och det ville icke gå att leka*, The playing did not go well.

Hur Aja kom på en sådan idé, det är icke lätt att säga. Hon sprang upp från stolen och fram till Åke.

— Stå stilla, Åke, så får jag känna på dig, sade Aja.

Därefter började hon fingra på Åke alldeles nedanför ryggen, och plötsligt skrek hon:

— Hurra, hurra, Åke har svans! Åke håller på att bli apa! Åke gjorde sig fri från Aja, och sedan sade han:

— Du är dum.

Han förstod mycket väl, att Aja drev gäck med honom, och han gav henne en harmsen blick.

Men hur det var, icke för att han trodde på vad Aja sagt, men i alla fall — Hur det var, förde han själv handen bakom sin rygg och begynte treva, där Aja hade trevat.

Och nu —

Skrek han? Nej, det gjorde han icke. Han stod alldeles tyst. Men han tyckte, att hjärtat var på väg att stanna. Ty han kände något. Det var icke mycket, det som han kände. Men det var ändå något. Det var — nej — jo, det var det — det kunde icke vara något annat, *det var början till en svans.*

Det fanns icke något tvivel. Åke höll på att bli apa.

IV

Han åt icke mycket till kvällen,[2] nästan alls intet. Gråten satt honom i halsen. Ändå teg han med sin upptäckt. Kanske var han rädd, att man skulle köra bort honom genast, om han röjde den.

Icke heller Aja sade något. Hade hon glömt hela saken?

Efter kvällen gick han av och an genom rummen, full av oro. Ibland ställde han sig vid ett fönster och tryckte näsan platt mot rutan. Men han blev genast rädd för vinternatten där utanför och dess spöklika snöskimmer, för stjärnorna över risiga kronor och allt detta hemska, där han skulle vara tvungen att irra omkring utan huld och skydd, så snart han hade blivit apa.

2. *Han åt inte mycket till kvällen,* He didn't eat much at supper.

Ja, dit ut skulle han jagas. Aldrig mer skulle han sedan få komma in och sitta bland de sina. Han tyckte sig varsna, hur han låg ute i drivan och tjöt, ett litet ludet bylte med en lång svans.

Åke, Åke, hur gick det med din stora trygghet?

V

Nu ligger han i sin säng, och det är meningen, att han skall sova.

Hans fader och moder sova redan, och även Aja snusar och sover.

Men själv kan han icke få en blund i sina ögon.

Det är, som hade hela världen störtat samman och begravt honom under spillror.

Ett förfluget ord har kommit Åke att ana all livets osäkerhet och farofullhet.

Plötsligt börjar han gråta.

Han gör det först tyst för att icke störa de andra. Men gråten vill kväva honom, och till sist måste han snyfta hejdlöst.

Då vaknar hans moder, och Åke får krypa till henne i sängen.

Här talar han om, vad det är som trycker honom, hur gränslöst rädd han är, och att han icke vill ut i den kalla vinternatten.

Runtomkring dem är det tyst, man hör bara andetagen av dem som sova, och stearinljusets bleka sken faller över modern och barnet.

— Snälla mamma, säger Åke. Titta efter om jag har svans!

Och han reser sig upp.

Han står mitt i sängen, och med sina bägge händer drar han upp skjortan över sin lilla bak.

— Nej, svarar modern. Du har inte ett spår till svans. Du kan vara alldeles lugn.

Och hon tillägger:

— Det var en dum historia, den där, som faster Göta läste.

Ty även om det kan hända, att någon kan bli som ett djur och så ryslig, att ingen vill tåla honom i sin närhet, så inte är ändå hans mamma med och kör bort honom, det kan du vara alldeles säker på, Åke. Det kan du vara alldeles säker på.

Vad gör nu Åke?

Helst skulle han vilja springa ned på golvet och börja dansa och skratta och skrika:

— Jag har ingen svans! Jag har ingen svans! Jag har ingen svans!

Men han vet, att det får han icke. Och plötsligt är det något annat han vill. Han vill krypa ned i sängen igen och slå armarna kring sin moder. Och det gör han.

Och nu ligger han där, och hans värld är åter hel och utan en spricka, så fort kan det gå. Och han småskrattar för sig själv.

Men plötsligt säger han:

— Mamma!

— Ja, min gosse.

— Om jag ändå skulle få en svans?

— Du får inte någon svans, svarar modern.

— Nej, säger Åke. Det vet jag. Men *om* jag skulle få en?

— Ja, hur skulle det då vara?

— Kan jag då vifta med den? säger Åke.

Ur *Åke och hans värld* (1945)

KVÄLLSVISAN

Av Erik Lindorm

ERIK LINDORM (1889–1941) was one of the most original and most popular writers of his day. In many of his poems the themes are taken from the everyday world of the working class and treated with a rare combination of realism and delicate tenderness.

En moder, som arbetade borta om dagarna, tänkte varje kväll
        hon lade sin lille son till sängs:

> Nu stoppar jag täcket om dig
> ännu en gång.
> Nu har jag dig välbehållen
> från gatans hästar och bilar
> och lurande fula gubbar
> i portar och prång.
>
> Från blusen jag ej hunnit laga,
> dammar det rött.
> Du varit borta vid bygget
> och hjälpt dem att bära tegel.
> Du kramar en tioöring,
> lycklig och trött.
>
> Jag sitter och skakar sanden
> ur dina skor.
> Nu rår jag åtminstone om dig
> hela den långa natten.
> Men icke ens det får jag göra,
> när du blir stor.

Ur *Bekännelser* (1922)

7

FAR OCH JAG

Av Pär Lagerkvist

PÄR LAGERKVIST (1891–) is a member of the Swedish Academy and a Nobel Laureate. His vast production comprises poetry, plays, short stories, and novels. Much of his writing has been concerned with the problem of good and evil, and man's search for truth.

När jag var bortåt tio år gammal, minns jag, tog far mig i handen en söndagseftermiddag och vi skulle ut i skogen och höra på fågelsången. Vi vinkade farväl åt mor, som skulle stanna hemma och laga kvällsmaten och inte fick gå med. Solen sken varmt och vi gav oss friskt på väg. Vi tog det inte så högtidligt detta med fågelsången, som om det var något så särskilt fint eller märkvärdigt, vi var sunt och förståndigt folk både far och jag, uppfödda och vana vid naturen, det var inget fjäsk med den. Det var bara för att det var söndagseftermiddag och far hade fritt. Och vi gick banlinjen, där ingen annars fick gå, men far var vid järnvägen[1] och hade rätt till det. På så sätt kom vi också direkt in i skogen, behövde inte göra några omvägar.

Strax började fågelsången och allt det andra. Det kvittrade inne i buskarna av finkar och lövsångare, av gråsparvar och taltrastar, hela surret som man får omkring sig så snart man kommer in i skog. Marken var tjock med vitsippor, björkarna hade nyligen slagit ut och granarna skjutit färska skott, det luktade från alla håll och kanter, underst låg skogsbottnen och ångade för att solen stod på. Överallt var liv och väsen, humlor for ut ur sina hål, myggor yrde kring där det var sankt, och ur

1. *far var vid järnvägen*, father worked for the railroad.

buskarna sköt fåglarna ut som skott för att fånga dem och dök lika fort ner igen. Rätt det var kom ett tåg susande och vi fick gå ner på vallen, far hälsade lokomotivförarn med två fingrar mot söndagshatten och förarn gjorde honnör och slog ut med hand, det var fart i allting. Så trampade vi i väg vidare på syllarna som låg och svettades sin tjära i solgasset, det luktade allting, vagnsmörja och mandelblommor, tjära och ljung om vartannat. Vi tog stora steg för att stiga på sliprarna och inte i gruset som var grovt att gå i och slet skorna. Skenorna blänkte i solen. På bägge sidor om linjen stod telefonstolpar och sjöng när man gick förbi dem. Ja, det var en fin dag. Himlen var alldeles klar, inte ett moln syntes till, och det kunde heller inte bli några på den här dan, efter vad far sa. Om en stund kom vi till en havreåker till höger om linjen, där en torpare som vi kände hade ett svedjeland. Havren hade kommit upp tätt och jämnt. Far granskade den med kännarmin och man märkte att han var nöjd. Jag förstod mig just inte mycket på sådant, för jag var född i stan. Så kom vi till bron över en bäck där det oftast inte är just mycket vatten, men nu var det full ström. Vi höll varandra i hand för att vi inte skulle falla ner mellan sliprarna. Sen varar det inte länge förrän man kommer till det lilla banvaktarstället som ligger alldeles inbäddat i grönska, äppelträd och krusbärsbuskar, där gick vi in och hälsade på och blev bjudna på mjölk och såg deras gris och höns och fruktträden som stod i blom, så fortsatte vi igen. Vi ville fram till stora ån, för där var det vackrare än någon annanstans, det var något särskilt med den, för längre upp i landet gick den förbi fars barndomshem. Vi brukade inte gärna vända förrän vi hunnit så långt, och också i dag kom vi efter en god promenad dit. Det var nära nästa station, men dit gick vi inte fram. Far bara såg efter att semaforen stod rätt, han tänkte på allt. Vi stannade vid ån. Strömmen mullrade bred och vänlig i solgasset, utefter stränderna hängde den lummiga lövskogen och speglade sig i spakvattnet, allt var ljust och friskt här, från småsjöarna längre upp kom lite vind. Vi klev ner för slinten och gick en bit utefter åkanten. Far pekade ut metställena. Här hade han suttit på stenarna som pojke och väntat på abborrarna dagen i ända, det kom ofta inte ett liv,[2] men det var en välsignad tillvaro. Nu hade han inte tid. Så for vi kring och väsnades en god stund vid strandkanten, satte ut barkbitar som strömmen tog med sig och kastade småsten ut i vattnet för att se vem som kom längst, vi var av naturen glada och lustiga av oss både far och jag. Så kände vi oss till sist trötta och tyckte vi fått nog, och vi gav oss på väg hemåt igen.

Då började det skymma. Skogen var förändrad, där var inte mörkt ännu men nästan. Vi skyndade på. Nu blev väl mor orolig och väntade med maten. Hon var alltid rädd för att något skulle hända. Det hade det ju inte. Det hade varit en utmärkt dag, det hade inte hänt någonting annat än vad som skulle. Vi var nöjda med allt. Det mörknade mer och mer. Träden var så konstiga. De stod och lyddes efter vart steg vi tog som om de inte skulle vetat vilka vi var. Ett hade en lysmask inunder sig. Den låg och stirrade på oss därnere i mörkret. Jag kramade fars hand, men han såg inte det underliga skenet, bara gick på. Det var nermörkt. Nu kom vi till bron över bäcken. Det dånade därnere i djupet, hemskt som om den ville sluka oss, avgrunden öppnade sig under oss. Vi klev försiktigt på sliprarna, höll varandra krampaktigt i hand för att vi inte skulle störta ner. Jag trodde far skulle bära mig över, men han sade inget, han ville väl jag skulle vara som han och inte tycka det var någonting. Vi fortsatte. Far gick där så lugn i mörkret, med jämna steg, utan att tala, han tänkte på sitt.[3] Jag kunde inte förstå hur han kunde vara så lugn när det var så skumt. Jag såg mig rädd omkring. Det var bara mörker överallt. Jag vågade knappast andas djupt, för då fick man så mycket mörker i sig, och det var farligt, trodde jag, då måste man snart dö. Det minns jag väl att jag trodde på den tiden. Banvallen sluttade brant ner, som i nattsvarta avgrunder. Telefonstolparna reste sig spökaktiga upp

2. *inte ett liv*, not a single bite.

3. *han tänkte på sitt*, he was thinking about his own problems.

mot himlen, det mullrade dovt inne i dem, som om någon talat djupt nere i jorden, de vita porslinshattarna satt förskrämt hopkrupna och lyddes till det. Allt var hemskt. Ingenting var riktigt, ingenting verkligt, allt som ett under. Jag drog mig intill far och viskade:

— Far, varför är det så hemskt när det är mörkt?

— Nej, kära barn, inte är det hemskt, sade han och tog mig i hand.

— Jo, far, det är det.

— Nej, du barn, det skall du inte tycka. Vi vet ju att det finns en Gud.

Jag kände mig så ensam, övergiven. Det var så underligt att bara jag var rädd, inte far, att vi inte tyckte detsamma. Och underligt att inte det han sade hjälpte mig, så att jag inte behövde vara rädd mer. Inte ens det han sade om Gud hjälpte mig. Jag tyckte han också var hemsk. Det var hemskt att han fanns överallt här i mörkret, nere under träna, i telefonstolparna som mullrade — det var nog han — överallt. Och så kunde man ändå aldrig se honom.

Vi gick tysta. Var och en tänkte på sitt. Mitt hjärta drogs ihop som om mörkret kommit in och börjat krama på det.

Då, när vi var inne i en kurva, hörde vi plötsligt ett väldigt dån bakom oss! Vi väcktes förskräckta ur våra tankar. Far ryckte mig ner på banvallen, ner i avgrunden, höll mig kvar där. Då störtade tåget förbi. Ett svart tåg, släckt i alla vagnarna, det gick med rasande fart. Vad var det för ett,[4] det skulle inte komma något tåg nu! Vi såg förskrämda på det. Elden flammade i det väldiga lokomotivet där de skyfflade in kol, gnistorna yrde vilt ut i natten. Det var ohyggligt. Föraren stod där blek, orörlig, med som förstenade drag, upplyst av elden. Far kände inte igen honom, visste inte vem han var, han bara stirrade rätt fram, det var som om han skulle fara in i mörkret, långt in i mörkret, vilket inte hade något slut.

---

4. *Vad var det för ett?* What sort (of train) was that?

Uppjagad, flämtande av ångest stod jag och såg efter den vilda synen. Den uppslukades av natten. Far tog mig upp på banlinjen, vi skyndade hem. Han sade:

— Det var underligt, vad var det för ett tåg? Och föraren kände jag inte igen. Sedan gick han bara tyst.

Men jag skälvde i hela kroppen. Det var ju för mig, för min skull. Jag anade vad det betydde, det var den ångest som skulle komma, allt det okända, det som far inte visste något om, som han inte skulle kunna skydda mig för. Så skulle denna världen, detta livet bli för mig, inte som fars, där allting var tryggt och visst. Det var ingen riktig värld, inget riktigt liv. Det bara störtade sig brinnande in i allt mörkret, som inte hade något slut.

Ur *Onda sagor* (1924)

FAR OCH SON

Av Gunnar Mascoll Silfverstolpe

GUNNAR MASCOLL SILFVERSTOLPE (1893–1942) was a poet, literary critic, and writer on art. Memories from his idyllic childhood on a country estate form an often recurring theme in his lyrics.

De hade grälat som så ofta förr,
och sonen hade gått och låst sin dörr.
De hade brusat ut som man mot man,
och fadern kände ännu hur det brann
och bultade och sprängde i hans blod.
Det mörknade i rummet, där han stod.
Oktoberkvällen skymde hastigt på,
oändligt svårmodstyngd och hjälplöst grå.

Han skälvde som av köld, och så med ens
vek vreden för en ömhet utan gräns:
"Jag vet det där om frihet och om tvång;
jag själv har också sagt det så en gång.

Långt bortom år av tröghet känner jag
den första orons vita vingeslag.
Ditt otacksamma hån mot allt du fick,
ditt bittra trots, som isade din blick,
din sjuka längtan, som slog ut i brand
— jag borde svarat med att ge min hand.
Men varför vredgas jag och vill slå ner
ditt gosseraka trots och varför ger

13

jag någonting, som nästan liknar hat,
då hjärtat ville viska skyggt: kamrat?

Jag minns den tiden, då du än var min,
barfotalassen, vilken smög sig in
och gömde pannan i mitt knä och grät
— jag strök ditt huvud sakta och förlät ..."

Han hörde tysta steg därutifrån,
helt nära dörren — stegen av hans son.
Den unge tvekade ett ögonblick
som om han ville stiga på — och gick.

Ur *Vardag* (1926)

ATT DÖDA ETT BARN

Av Stig Dagerman

STIG DAGERMAN (1923–54) is one of the most typical and most brilliant representatives of the 40-talister, *the authors of the 1940s. The story* Att döda ett barn *(To Kill A Child) was originally written for the Information Service of the Swedish Insurance Companies.*

Det är en lätt dag och solen står snett över slätten. Snart skall klockorna ringa, ty det är söndag. Mellan ett par rågåkrar har två unga hittat en stig, som de aldrig förut gått och i slättens tre byar blänker fönsterrutorna. Män rakar sig framför speglarna på köksborden och kvinnor skär gnolande upp bröd till kaffet och barn sitter på golven och knäpper sina livstycken. Det är den lyckliga morgonen till en ond dag, ty denna dag skall ett barn dödas i den tredje byn av en lycklig man. Ännu sitter barnet på golvet och knäpper sitt livstycke och mannen som rakar sig säger att i dag skall de ta en roddtur nerför ån och kvinnan gnolar och lägger upp det nyskurna brödet på ett blått fat.

Det far ingen skugga över köket och ändå står mannen som skall döda barnet vid en röd bensinpump i den första byn. Det är en lycklig man, som tittar in i en kamera och i glaset ser han en liten blå bil och bredvid bilen en ung flicka som skrattar. Medan flickan skrattar och mannen tar den vackra bilden, skruvar bensinförsäljaren fast locket på tanken och säger att de får en fin dag. Flickan sätter sig i bilen och mannen som skall döda ett barn tar upp sin plånbok ur fickan och säger att de ska åka till havet och vid havet skall de låna en båt och ro långt,

15

långt ut. Genom de nerskruvade rutorna hör flickan i framsätet vad han säger, hon blundar och när hon blundar ser hon havet och mannen bredvid sig i båten. Det är ingen ond man, han är glad och lycklig och innan han stiger in i bilen står han ett ögonblick framför kylaren, som gnistrar i solen och njuter av glansen och doften av bensin och hägg. Det faller ingen skugga över bilen och den blanka kofångaren har inga bucklor och inte är den röd av blod.

Men samtidigt som mannen i bilen i den första byn slår igen dörren till vänster om sig och drar ut startknappen, öppnar kvinnan i köket i den tredje byn sitt skåp och hittar inget socker. Barnet, som har knäppt sitt livstycke och knutit sina skor, står på knä på soffan och ser ån som slingrar sig mellan alarna och den svarta ekan, som ligger uppdragen i gräset. Mannen, som skall förlora sitt barn, är färdigrakad och viker just ihop spegeln. På bordet står kaffekopparna, brödet, grädden och flugorna. Det är bara sockret som fattas, och modern säger åt sitt barn att springa till Larssons och låna några bitar. Och medan barnet öppnar dörren ropar mannen efter det att skynda på, för båten väntar på stranden och de skall ro så långt som de aldrig förut rott. När barnet sedan springer genom trädgården tänker det hela tiden på ån och på fiskarna som slår och ingen viskar till det, att det bara har åtta minuter kvar att leva och att båten skall ligga där den ligger hela den dagen och många andra dagar.

Det är inte långt till Larssons, det är bara tvärs över vägen, och medan barnet sedan springer över vägen, far den lilla blå bilen in i den andra byn. Det är en liten by med små röda hus och nymornade människor som sitter i sina kök med kaffe-koppen höjd och ser bilen rusa förbi på andra sidan häcken med ett högt moln av damm bakom sig. Det går mycket fort och mannen i bilen ser popplarna och de nytjärade telegrafstolparna skymta förbi som gråa skuggor. Det fläktar sommar genom vindrutan, de rusar ut ur byn, de ligger fint och säkert mitt på vägen och de är ensamma på vägen — ännu. Det är skönt att färdas alldeles ensam på en mjuk, bred väg och ute på slätten går det finare. Mannen är lycklig och stark och med högra armbågen känner han sin kvinnas kropp. Det är ingen ond man. Han har bråttom till havet. Han skulle inte kunna göra en geting förnär, men ändå skall han snart döda ett barn. Medan de rusar fram mot den tredje byn, sluter flickan åter ögonen och leker att hon inte skall öppna dem förrän de kan se havet och hon drömmer i takt med bilens mjuka krängningar om hur blankt det skall ligga.

Ty så obarmhärtigt är livet konstruerat att en minut innan en lycklig man dödar ett barn, är han ännu lycklig och en minut innan en kvinna skriker av fasa, kan hon blunda och drömma om havet och den sista minuten i ett barns liv kan detta barns föräldrar sitta i sitt kök och vänta på socker och tala om sitt barns vita tänder och om en roddtur och barnet självt kan stänga en grind och börja gå över en väg med några sockerbitar inslagna i vitt papper i högra handen och hela denna sista minut ingenting annat se än en lång blank å med stora fiskar och en bred eka med tysta åror.

Efteråt är allting försent. Efteråt står en blå bil på sned över vägen och en skrikande kvinna tar handen från munnen och handen blöder. Efteråt öppnar en man en bildörr och försöker stå på benen fast han har ett hål av fasa inom sig. Efteråt ligger några vita sockerbitar meningslöst utströdda i blod och grus och ett barn ligger orörligt på magen med ansiktet hårt pressat mot vägen. Efteråt kommer två bleka människor, som ännu inte fått dricka sitt kaffe, utspringande genom en grind och ser en syn på vägen som de aldrig skall glömma. Ty det är inte sant att tiden läker alla sår. Tiden läker inte ett dödat barns sår och den läker mycket dåligt smärtan hos en mor, som glömt att köpa socker och skickar sitt barn över vägen för att låna och lika dåligt läker den ångesten hos en en gång lycklig man som dödat det.

Ty den som har dödat ett barn åker inte till havet. Den som dödat ett barn åker långsamt hem under tystnad och bredvid sig har han en stum kvinna med ombunden hand och i alla byar som de passerar ser de inte en enda glad människa. Alla skuggor är mycket mörka och när de skils är det fortfarande under tystnad och mannen som dödat barnet vet att denna tystnad är hans fiende och att han kommer att behöva år av sitt liv för att besegra den genom att skrika att det inte var hans fel. Men han vet att det är lögn och i sina nätters drömmar skall han i stället önska att få en enda minut av sitt liv tillbaka för att göra denna enda minut annorlunda.

Men så obarmhärtigt är livet mot den som dödat ett barn att allting efteråt är för sent.

Ur *Vårt behov av tröst* (1955)

ETT BREV

Av Bo Bergman

BO BERGMAN (1869–1968) made his debut in 1903 and published his last book, a collection of essays, called Predikare (Preachers), in 1967 at the age of ninety-eight. His production between these years includes poetry, short stories, novels, and theatrical reviews in the newspaper Dagens Nyheter for more than thirty years.

Varför är du borta
så länge, kära mor?
Jag kan tala om för dig
att snart är jag stor,

fast inte riktigt så stor
som du i alla fall,
men jag når upp till fönstret
när jag står på min pall.

Du måste komma hem.
Jag hittar ingenting.
Inte hittar jag mitt hårband
och inte min ring.

Det är bara du som vet
var allting låg när du for.
Du måste komma hem.
När kommer du, mor?

Jag har så tråkigt, jag somnar
när klockan är sju,
och pappa har aldrig tid
att leka med mig som du.

Och alla gå omkring
och säga inte ett ljud.
Du kan väl skriva en gång
om hur det är hos Gud.

Vad gör du hela tiden,
vi längta så efter dig,
och är det sant att du tycker
mer om Gud än om mig?

Pappa har hjälpt mig med orden,
men allt som skulle stå
i brevet[1] det har jag
själv hittat på.

Vi har fått en hund som heter
Fingal och är så snäll.
Men när kommer du, mor?
Kommer du inte i kväll?

Ur *Trots allt* (1931)

1. *allt som skulle stå i brevet*, everything that was to be in the letter.

PAUL OCH PAULITA

Av Artur Lundkvist

ARTUR LUNDKVIST (1906–) was the leader of a group of young proletarian writers ("Five Young Men") who launched a rebellion against literary traditionalism about 1930. He has been a champion of Freudianism, primitivism, and surrealism, and has been a very active emissary for new literary developments, particularly in the United States, South America, and France.

Ivarsson, Paul, försäkringstjänsteman, köpte sig bil som alla andra. En medelstor vagn av svenskt märke, till ett pris som var överkomligt för honom, om också kännbart.

Äktenskapet gav inte vad han en gång hoppats, det var han fullt på det klara med. Någonting skulle han ha i stället och det blev bilen.

Han fäste sig nästan genast vid den och kallade den för Paulita när han var ensam med den. Han försökte först använda det smeknamn han inte mer brukade för sin hustru, Anita, en lättsinnigare variant av det solida Anna. Men det tog emot och så valde han i stället att utgå från sitt eget namn. Paul. Paulita.

Anna var omöjlig att kalla för Anita numera. Hon var alltför värdig, gick inte att närma sig med några lättfärdigheter. Hon hade aldrig varit mycket för det, och sen hon gjort sin hustruplikt, fött en dotter och fått ett missfall, var hon avvisande.

Dottern var redan gift och upptagen av sitt eget livs framgångar. Paul hade ingenting att vara nära och vidröra på lediga stunder. Han arbetade på övertid. Han rökte sin pipa i smyg och liksom smekte den med handen. Då satt han nere i källaren eller på någon annan skyddad plats, för pipan var inte välsedd av Anna.

Paulita kom då som en skänk från ovan. Hon var vacker, lika vacker på sitt sätt som någon kvinna. Hon var fulländad och lydde minsta rörelse av hans hand eller fot. Hon sa inte emot, var aldrig på dåligt humör. Han kunde smeka och vårda henne så mycket han ville, hon var bara tacksam för det och strålade mot honom.

Paulita var trogen, bar inga spår efter andra män. Det fanns inte en skymt av ironi hos henne. Hon kunde bli våldtagen, måhända, av biltjuvar och busynglingar. Men det var inte som *hon* ville, hon skulle vara ett oskyldigt offer.

Paul hade lärt sig köra bil, med någon svårighet, vid hans ålder. Skicklig var han inte och heller inte djärv. Han startade Paulita med en viss tvekan, körde ut försagt, höll sig ängsligt på sin kant, färdades sakta och försiktigt, medan andra bilar blixtrade hänsynslöst förbi.

Han njöt inte av bilturerna, kände ingen makt och säkerhet. Han satt med hjärtat i halsgropen, svettades i händerna och torkade dem ideligen på en näsduk. Hans överkänsliga nerver tycktes förgrenade också genom Paulita, ut i lyktor och stänkskärmar. Han var om möjligt ängsligare för hennes del än för sin egen.

Från förorten körde han varje dag in till kontoret i innerstaden. Han parkerade Paulita och låste henne, strök över hennes ljusgrå hud till avsked, såg sig alltid om minst en gång innan han försvann in genom porten. Under arbetstiden kunde han tyvärr inte se henne, hans fönster vette inte så att det var möjligt. Han försökte få byta rum, men det hade hittills inte gått. Han satt och hoppades att ingenting skulle hända Paulita där utanför.

Små olyckstillbud saknades inte trots Pauls försiktighet, nej, vad hjälpte det när andra inte visste vad försiktighet var, bara vräkte sig fram utan hänsyn till något. Han blev inte säkrare efter hand, utan tvärtom. Han blev alltmer övertygad om hur osäkert det var att köra bil, hur lätt en olycka inträffade, vilken risk man tog. Han befann sig varje gång i stark spänning, halvt i panik. Bilfärderna var en plåga för honom. Om söndagarna och ibland på kvällarna ville Anna åka med ut i bilen. Hon betraktade den nästan också som sin, slog sig ner brutalt i den med all sin tyngd. Gudskelov att hon inte kunde köra och det var uteslutet att hon skulle lära sig det! Ändå märkte hon att Paul inte var någon hjälte vid ratten och visade honom sin ironi.

Paul var generad över Anna inför Paulita. Det var nästan som om han sammanfört hustrun med en älskarinna. Han kände sig obehagligt kluven mellan krav och känsla, mellan plikt och lust. Han bad inom sig Paulita om ursäkt och förlåtelse. Han tyckte nästan att han svek henne, var henne otrogen.

Anna tycktes på något sätt märka hans hemliga reaktioner. Hon uppförde sig överlägset mot Paulita, till och med kritiserade henne. Hon var missnöjd med utflykterna, de blev aldrig vad hon väntat sig. Paul smög sig fram utmed vägkanten, alla andra for förbi dem och de tycktes aldrig komma någonstans. Helst vek han in på småvägar, körde genom ödsliga skogar och föga bebodda trakter. Vad skulle de där,[1] undrade hustrun, ingen såg dem och inget fanns att se. Paul skyllde lamt på naturskönhet.

Så kom motsättningarna till utbrott. Anna uppförde sig som om hon var svartsjuk på Paulita, nästan hatade henne. Hon slog brutalt igen dörren och sa med isande värdighet att i den bilen satte hon aldrig sin fot mer, han kunde ha den för sig själv, hon tänkte inte göra sig till ett åtlöje, och han dugde inte till att köra bil!

Paul satt kvar i Paulita och suckade, smekte tafatt och skuldmedvetet över hennes ädla delar. Han var bedrövad, men kände samtidigt en stigande lättnad, för han betvivlade inte att hustrun skulle hålla ord. Då hade han Paulita för sig själv i

1. *Vad skulle de där*, Vad skulle de göra där.

fortsättningen, slapp att köra ut på lustturer som var en pina för honom.

Sen en dag blev Paulita utsatt för våld. När han kom ner efter arbetsdagens slut fann han att någon buse farit hänsynslöst fram och gett Paulita en skråma i lackeringen. En smärtsam, vanprydande skråma som gjorde honom ont in i hjärtat. Han blev ett rov för stridiga känslor: vrede mot våldsverkaren, smärtsam medkänsla med Paulita och sorg inför sig själv. Han älskade inte Paulita mindre för det som hänt henne, men hans kärlek kändes så plågsam, tyckte liksom synd om sig själv.

Han fick strax skråman överlackerad, knappast något spår efter den kunde upptäckas. Men han visste att den fanns där, att det hade hänt. Paulita var inte riktigt fullkomlig längre, hon bar sitt hemliga ärr efter livets framfart. Det var något som stod emellan dem nu, en liten störning, som samtidigt band dem ännu starkare vid varandra.

Med allt större självövervinnelse körde han Paulita in till staden om morgnarna och lämnade henne utanför försäkringsbyggnaden. I oro för henne lämnade han sitt arbete flera gånger under dagen för att göra ett hastigt besök på parkeringsplatsen och försäkra sig om att ingen nöd gick på Paulita.

Inom kort inträffade den avgörande händelsen. På hemvägen en kväll blev Paulita påkörd. Ena lyktan trycktes in med en ohygglig skräll, ett klirrande av glasskärvor, ett tjut av bromsar. Skulden var helt och hållet den andres, men det var till föga tröst för Paul. Han darrade i alla leder efter chocken. Han kunde inte förmå sig att sätta sig in i Paulita igen och köra vidare. Med kval i hjärtat lämnade han henne vid vägkanten, gick och ringde efter en bärgningsbil, tog själv bussen hem.

Han hade mardrömmar om händelsen flera nätter efteråt. Han såg Paulita med sitt stackars utslagna öga, med blodet strömmande neråt kinden. Det var ohyggligt, outhärdligt. Aldrig mer skulle han utsätta henne för något sådant!

När han hämtade hem Paulita från verkstaden kändes det

som att hämta en invalidiserad dotter från sjukhuset. Hans beslut var fattat: det var sista färden, sen aldrig mer! Han satt kvar i Paulita sen han kört henne in i garaget, i säkerhet. Han lovade henne att aldrig köra mer, världen var för farlig, människorna för hänsynslösa. De skulle bevara sin kärlek för sig själva i ensamhet, en sak dem emellan som inte kom några andra vid. Han var så gripen att han nästan snyftade. Förlåt, Paulita, viskade han, förlåt om jag inte räckt till, om jag inte helt kunnat vara som jag velat!

Ur *Sida vid sida* (1962)

NÄR SKÖNHETEN KOM TILL BYN...

Av Nils Ferlin

NILS FERLIN (1898–1961) has been described as a proletarian troubadour whose poetry is interspersed with elements from folk ballads, children's rhymes, and spiritual songs. Typical of Ferlin's style is his use of the unconventional — sometimes bizarre — figures of speech, as in the poems included in this book. Some words are creations of his own, like förklokad, *which seems to imply "leavened with wisdom," and* spindla, *a derivation from the word for spider and supposedly meaning "to sit like a spider (and gather provisions)."*

När skönheten kom till byn då var klokheten där,
då hade de bara törne och galla.
Då sköto de efter henne med tusen gevär,
ty de voro ju så förklokade alla.
Då nändes de varken dans eller glädje och sång,
eller något som kunde vådeligt låta.
När skönheten kom till byn — om hon kom någon gång,
då ville de varken le eller gråta.

Ack, klokheten är en gubbe så framsynt och klok
att rosor och akvileja förfrysa.
När byfolket hade lärt sej hans ABC-bok
då upphörde deras ögon att lysa.
Hårt tyngde de sina spadar i åker och mull,
men fliten kom bara fliten till fromma.
De räknade sina kärvar — för räkningens skull,
och hatade för ett skratt och en blomma.

26

En gång skall det varda sommar, har visorna tänkt,
en dag skall det tornas rymd över landen.
Rätt mycket skall varda krossat som vida har blänkt,
men mänskorna skola lyftas i anden.
Nu sitter de där och spindlar så smått och så grått
och kritar för sina lador och hyllor.
En dag skall det varda sommar, har visorna spått.
— Men visorna äro klena sibyllor.

Ur *Goggles* (1938)

HUR ORM BYGGDE SIG HUS OCH KYRKA OCH OM HANS RÖDHÅRIGA DÖTTRAR

Av Frans G. Bengtsson

FRANS G. BENGTSSON (1894–1954) has been called the last Swedish troubadour. He is also known as a brilliant and witty essayist, but his greatest popular fame rests on the novel Röde Orm (Red Orm), *a delightful tale about life and exciting adventures during the Viking Age.*

Röde Orm har efter många äventyr som viking och efter att ha enleverat Ylva, oäkta dotter till den danske kungen Harald Blåtand,[1] återvänt till fädernebygden i Skåne. Då han befarar att Haralds son och efterträdare, Sven Tveskägg, har planer på hämnd, beslutar han att flytta till sin mors arvegård i de otillgängliga skogstrakterna i Göinge i norra Skåne.

Det var nu på tredje året sedan Orm, efter det han i hast sålt sin fädernegård vid Kullen[2] för att undfly kung Svens vrede, kommit dragande upp till gränsbygden med hela sitt hushåll, med hustru och moder och gårdsfolk och sin lille präst, och med hästar och boskap och allt lösöre som kunnat klövjas på hästrygg. Åsas arvegård hette Gröning; den hade legat öde och förfallen, med hopsjunkna tak och igengrodda tegar; och en orkeslös gårdsfogde och hans käring, jämte en flock magra gäss, hade varit allt liv som fanns att se på stället. Orm hade känt föga trivsel vid denna syn och tyckt att detta inte var mycket till gård för en man som han och för kung Haralds

1. *Harald Gormsson,* called *Blåtand* (Blacktooth), Danish king (d. between 983 and 988). His son was *Sven Tveskägg* (Fork-beard) (d. 1014).
2. *Kullen,* mountain ridge in Skåne (Scania) in southern Sweden.

28

dotter; och Åsa hade sprungit omkring i krokarna och gråtit och anropat Gud inför allt elände och farit ut i hårda ord mot de båda gamla; ty hon hade aldrig sett gården sedan sina unga dagar, då hennes fader suttit där i välmåga, innan han och hans båda söner dräpts i en fejd.

Men Ylva hade tyckt att detta kunde vara en plats som låg tillräckligt långt borta från kung Sven och hans anhang.

— Och här skall jag nog kunna trivas, hade hon sagt, om bara du, Orm, visar dig lika händig i husbygge som i att slåss och föra skepp.

Första vintern fingo de det magert, med klen kost både för folk och fä och med ogina grannar. Orm sände män till en storbonde i trakten, Gudmund i Uvaberg, som kallades Gudmund Ylare och som var känd både för sin stridbarhet och sin stora rikedom, för att köpa hö och maltkorn; och männen kommo tillbaka med kort svar och tomhänta, emedan en nykomling som sades hålla sig till Kristus inte syntes vara mycket att taga på allvar för en sådan man som Gudmund. Men Orm red då själv åstad, med Rapp den Enögde och tre andra goda män i följe, och kom till Uvaberg tidigt i gryningen. Han tog sig in i huset med föga besvär och lyfte Gudmund ur hans säng och bar ut honom och höll honom i ena benet över gårdsbrunnen, medan Rapp och de andra satte ryggarna mot dörren, på det att de inte måtte bli störda inifrån; och sedan Orm och Gudmund talats vid en kort stund över brunnen, blev köp uppgjort, både av hö och korn, till skäligt pris; och Orm vände honom rätt igen och satte honom på fötter, utan att våldsamheter följde. Ylarens vrede var inte mycket större än den aktning för Orm han nu kände, och knappt så stor som hans häpnad över att ha släppts levande.

— Ty det skall du veta, sade han, att jag är en farlig man, även om du är min överman i styrka, så att det kanske kan dröja innan du får märka det. Och de äro få som skulle vågat lämna mig vid liv, sedan de gjort mot mig vad du nu gjort. Jag vet knappt om jag själv skulle vågat det, om jag varit i dina kläder. Men det kan vara att du inte är lika klok som du är stark.

— Jag har bättre lärt än du, sade Orm; ty jag håller mig till Kristus och känner väl till hans lära. Och han vill att man skall gå fram med saktmod mot sin granne, även när denne är till förtret. Därför bör du tacka honom, om du har förstånd till det; ty din brunn såg ut att vara djup. Men om du tänker vara min fiende efter detta, skall jag också veta råd; och då må du se dig för hur det kan sluta; ty jag har mött värre fiender än dig, utan att det blivit jag som fått största skadan.

Gudmund sade att det komme att skrattas mycket åt honom för detta, till stort men för hans anseende; dessutom hade han sträckt sig illa i benet, när han hängde över brunnen; och därtill fick han nu höra att en av hans män, som kommit springande med ett svärd när Orm bar ut honom, låg under kvinnornas händer, med axeln krossad av Rapps yxhammare. Han ville nu veta vad Orm och Kristus kunde anse om allt detta, och om så stora skador skulle räknas för intet.

Orm tänkte sig för och svarade att mannen som fått axeln knäckt finge skylla sig själv, och för hans skada gåve han ingenting.

— Ty det var tur för honom i hans oförstånd, sade han, att Rapp är lika god kristen som jag; eljest hade dina kvinnor inte behövt pyssla med honom nu; och därmed må han vara nöjd. Men för det övriga kan det vara rätt att jag ger dig skälig upprättelse. Därför är det mitt anbud att du nu följer med till en helig man hemma hos mig. Han är den bäste bland läkare och får fort din skada i lag, och hans helighet är sådan att den skank du sträckt kommer att bli bättre än den andra efter detta. Och det kommer att lända dig till den största heder, och öka ditt anseende mycket, att bli helad av en man som länge skötte kung Harald för alla hans krämpor och gjorde underbara ting med dem.

Därom blev det nu talat en god stund, och slutet blev att Gudmund följde med Orm hem. Fader Willibald satte god salva på benet och svepte binda om, under det att Gudmund mycket frågade honom om kung Harald; men när prästen ville tala med honom om Kristus och om det goda i att bli döpt, visade han stor oro och skrek att han ingenting ville höra om detta. Ty att råka ut för sådant, sade han, skulle vara smädligare och bli ännu mer utskrattat än att hänga över en brunn; och det var illa, tyckte han, att någon kunde tro honom vara enfaldig nog till att lockas med på dylikt.

När han skildes från Orm, efter det han fått sin betalning för köpet, sade han:

— Ingen blodsfejd skall råda mellan oss; men när det någon gång vill sig väl, så att jag kan ge dig igen för den smälek du vållat mig, skall det inte bli försummat. Det kan kanske dröja, men jag är en man med gott minne.

Orm såg på honom och drog på munnen.

— Jag vet att du är en farlig man, svarade han, eftersom du själv har sagt det; men likväl tror jag knappt att jag kommer att ligga sömnlös för det löftets skull. Men det må du veta, att gör du mig förtret skall du bli döpt, antingen jag skall hålla dig i öronen eller i benen.

Willibald sörjde över att han inte lyckats med denna omvändelse och trodde sig bli till ringa nytta i sin gärning; men Ylva tröstade honom med att det skulle bli bättre för honom när Orm finge sin kyrka byggd. Orm sade att kyrkan skulle han bygga, som han lovat, men först skulle gården byggas ny; och därmed tänkte han inte dröja. Han kom snart i gång med detta på allvar och satte sitt folk att flitigt fälla träd och släpa hem kvistade stammar, som han själv yxade till; han valde allt med omsorg och ville endast veta av grova stockar utan vank; ty hans bygge,[3] sade han, skulle bli både hållbart och ansenligt och inte någon vanlig skogslya. Gården låg i en stor krök av ån, med skydd av vattnet från tre sidor, och på god och fast mark som aldrig blev översvämmad. Här fanns gott om plats för allt han ville bygga; och hans verk tedde sig så bra för

3. *hans bygge*, the house he was building.

honom, att ju mera han fick gjort, desto mera ville han göra. Han byggde sitt hus med murad eldstad och med skjutlucka för rökfånget, såsom han sett hos kung Harald, och med tak av skalade spiror av ung ask, täckta av näverflak och däröver den segaste grästorv. Sedan byggde han brygghus och fähus och visthus, alla rymliga och värda att se i dessa trakter; och därefter tyckte han att det nödigaste var gjort och att det nu snart kunde vara kyrkans tur.

Den våren blev det tid för Ylva att föda, och både Åsa och fader Willibald stodo henne bi; de hade stort bestyr och sprungo omkull varandra i sin iver. Ylva hade det svårt och skrek mycket och förbannade sig på att hon hellre ville vara nunna än barnaföderska; men fader Willibald lade sitt krucifix på hennes buk och läste över henne på prästspråk; och till sist gick allt väl, och hon förlöstes med tvillingar. Det var två flickor, och både Åsa och Ylva togo sig detta nära till en början; men när de nyfödda buros fram till Orm och lades i hans knä, fann han ingenting att klaga på. Alla voro överens om att de skreko och sprattlade lika krytt som något gossebarn; och så snart Ylva hunnit vänja sig vid dem, blev hon åter glad och lovade Orm att det nästa gång skulle bli mankön.

När det snart visade sig att båda skulle bli rödhåriga, tyckte Orm att det artade sig illa för de stackars små kräken; ty finge de hans färg på håret, skulle de kanske också i övrigt komma att se ut som han, och det vore ingenting som han ville önska sina döttrar. Men både Åsa och Ylva befallde honom att tiga med så olyckligt tal; ty så illa behövde det för ingen del bli, sade de, och det röda håret skadade inte.

När det blev fråga om att ge dem namn, bestämde Orm att den ena skulle kallas Oddny efter hans mormoder; och åt detta blev Åsa glad.

— Men den andra skola vi kalla efter någon i din släkt, sade han till Ylva. Och där må du själv välja.

— Det kan vara svårt att välja rätt och till bäst lycka, sade Ylva. Min moder var en härtagen kvinna; hon dog när jag var sju år. Hon hette Ludmilla och var dotter till en hövding bland obotriterna; och hon hade rövats från sitt eget bröllop. Ty det säga alla härmän som varit åt det hållet, att det bästa av allt är att komma över obotriter och andra vender när de hålla stora bröllop och äro druckna; då duga männen föga till med vapen, och de som ställts att hålla vakt ligga sovande av deras starka mjöd, så att rikt byte kan vinnas med ringa besvär, både skatter och unga kvinnor. Ingen kvinna som jag sett har varit skönare än hon; och min fader sade alltid att hon var en kvinna med lycka, fast hon dog ung: ty i tre år hade han henne helst bland alla; och det var mycket för en obotritiska, sade han, att få komma i danakonungens säng och föda honom en dotter. Men det kan vara att hon själv tyckte annorlunda. Ty när hon var död hörde jag pigorna viska med varandra, att hon försökt hänga sig strax hon kommit till oss; och de trodde att det kom sig av att hon sett sin brudgum dräpas, när hon gripits och bars bort till skeppen. Hon var mig mycket kär, men det synes mig ovisst om det kan vara lyckligt att kalla barnet efter henne.

Åsa tyckte att detta kunde man inte tänka på; ty ingen olycka vore värre än att bli rövad av härmän; och lade de det namnet på barnet, kunde lätt den lotten följa med.

Men Orm sade att det inte vore så lätt att döma riktigt i dylika ting.

— Jag själv blev en gång rövad av härmän, sade han; och nu räknar jag inte det för en olycka; ty om inte så hänt hade jag aldrig blivit den man jag är, och aldrig vunnit svärdet och guldkedjan, och aldrig Ylva heller. Och om inte Ludmilla blivit härtagen, då hade aldrig kung Harald fått den dotter som sitter här nu.

De hade svårt att bli sams om detta; och fast Ylva gärna ville att hennes sköna och goda moders namn skulle leva, ville hon inte lägga på sin ena dotter det ödet att bli rövad av smålänningar eller andra. Men när fader Willibald kom till dem, där de sutto i rådslag, sade han genast att Ludmilla vore ett gott och lyckosamt namn, som burits av en helig furstinna i landet Moravien[4] i den gamle kejsar Ottos tid. Därmed fick det bli vid Ludmilla; och allt husfolket spådde sällsamma öden åt den som blivit så märkligt uppkallad, med ett namn som aldrig förut hörts.

När de båda barnen blevo starka nog för att tåla vid det, döptes de med stort skrik av fader Willibald; de växte och hade hälsan och rullade snart omkring på golvet i lek med de stora iriska hundarna, som Orm haft med sig hemifrån, eller sletos om dockor och djur som Rapp och fader Willibald täljde åt dem. Åsa älskade dem högt och hade mera tålamod med dem än med någon annan; men Orm och Ylva funno det stundom svårt att säga vilken av dem som artade sig till att bli ilsknast och envetnast. Med tiden fick Ludmilla ofta höra att hon bar ett helgons namn, utan att det märktes att hon lade detta mycket på sinnet. De höllo gott samman, fast de gärna foro varandra i håret; och när den ena fick smaka riset, stod den andra bredvid och skrek lika högt.

Året därefter, fram på sommaren, fick Orm sin kyrka färdig. Han hade ställt den i skydd för de andra husen, ytterst på udden, och gjort den så stor att sextio människor skulle kunna sitta bänkade där, fast ingen förstod var så mycket folk skulle komma ifrån. Han lade nu också en god vall, krönt med dubbelt pålverk, tvärs över hela udden, med en stark port i mitten; ty ju längre tiden led och ju mera han fick byggt, desto mera ängslade han sig för gårdens säkerhet och ville vara redo att möta både gränsrövare och män som kung Sven kunde sända upp.

När allt detta väl blivit färdigt, vållade Ylva både sig själv och andra stor glädje genom att föda en son. Åsa sade att här hade Orm Guds välsignelse för sitt kyrkobygge, och han höll med om att så kunde vara troligt.

Den nyfödde var utan vank till lemmar och kropp, och starkröstad från början; alla voro överens om att han i sanning

4. *Moravien*, Moravia, province of central Czechoslovakia.

måtte vara ett hövdingeämne, eftersom han var kommen av både kung Haralds och Vidfamnes[5] ätt. När han kom fram för att visas för sin fader, tog Orm ned svärdet Blåtunga från väggkroken och drog det ur skidan, och på dess udd ströddes mjöl och några korn salt. Åsa höll därefter med varsamhet fram barnet mot svärdet, tills tunga och läppar rört vid det bjudna. Fader Willibald såg på med mörk min och gjorde korstecken över barnet och sade att sådant okristligt bruk, och med blottat mordvapen, vore ont verk och mycket att klandra; men häri fick han intet medhåll. Till och med Ylva, där hon låg trött och svag, ropade ivrigt till honom att han hade fel för sig i denna sak.

— Detta är ett bruk för ädelborna, sade hon, och därav kommer hövdingasinne och orädd håg och vapenlycka, och även gåvan att väl lägga sina ord. Och det synes mig vara olikt Kristus, efter allt du berättat om honom, om han skulle visa sig missunnsam inför sådana gåvor till ett människobarn.

— Det är urminnes sed, sade Orm; och det fanns vishet i mycket hos de gamla, fast de intet visste om Kristus. Själv fick jag slicka svärdsudden som mitt första mål, och min son och kung Haralds dotterson skall inte fara sämre än jag.

Därvid fick det bli, fast fader Willibald skakade på huvudet och mumlade för sig själv om djävulens närgångenhet i detta land.

Ur *Röde Orm hemma och i österled* (1945)

5. *Ivar Vidfamne* (Far-reaching), legendary king of Denmark.

HÄRHEMMA I AMERIKA — DÄRBORTA I SVERIGE

Av Vilhelm Moberg

VILHELM MOBERG (1898–) has for decades been one of the most widely read Swedish authors. His roots are firmly implanted in his home province, Småland, and he is at his best when he draws upon material from that region, as in fact he does in most of his books. His favorite characters are the hard-working small freeholders and cottagers, a class that he is closely akin to by birth. His greatest work is the four-volume epic about the emigration of a group of people from his native Småland to America: Utvandrarna *(The Emigrants),* Invandrarna *(The Immigrants),* Nybyggarna *(The Settlers), and* Sista brevet till Sverige *(The Last Letter to Sweden).*

In order to lend authenticity to the dialogue, the author permits his characters to use their native Småland dialect. Some of the characteristics of their speech include the dropping of certain consonants when final, as in ba *bad,* da *dag,* dä *det,* mä *med,* ä *är,* va *var,* barnsli barnslig,* vanli *vanlig,* Oska *Oskar; or between vowels:* goa *goda,* nåen *någon,* stuan *stugan. Assimilation occurs in* allri *aldrig,* etter *efter,* iblann *ibland,* lann *land,* less *ledas,* unnra *undra,* unnerlitt underligt,* vatt *varit; examples of substitution of* e *and* ö *for* i *and* y are:* flecka *flicka,* lella *lilla,* mett *mitt,* tebakes *tillbaka,* ve *vid,* Krestina *Kristina,* flötta *flytta,* flöttöl *flyttöl,* samtöcke *samtycke. Other dialect forms are* 'at *det,* int' *inte,* nock *nog,* nyssens *nyss,* på sistningen *på sistone.*

1

Solens båge steg och dagarna förlängdes, men kvällarna hade ännu inte börjat ljusna. Solen gick bort, mörkret kom i stället, ingen skymningsdager dröjde över jorden under en blek himmel. Kristina väntade: Våren var ännu i sin begynnelse.

April månad inträdde. Vid stranden av Ki-Chi-Saga[1] kom det klara solbrinnande dagar, men kvällarna förblev nästan lika mörka som under vintern. Kristina väntade fortfarande. Och när hennes väntan till slut framstod som fåfäng, flyttade hon sig i sin tanke till ett land, där kvällarna om våren var ljusa. Efter de mångahanda sysslor som åvilade henne lika tungt varje dag var hennes kropp trött, när hon sträckte ut sig i sängen vid dagens slut. Men själ och sinne ville inte sjunka i vila, hon låg vaken en stund, tankarna höll henne klarvaken. Utanför stockstugans små fönster stod kvällen mörk, hon låg med sina ögon öppna och såg ut i det mörker där hon ingenting kunde se.

När våren skred fram och hon inte väntade mer, dröjde det allt längre innan hon insomnade. Tankarnas vakna stund i bädden sträcktes ut, hon låg där och såg ut i mörkret — och in i landet, där kvällarna om våren var ljusa.

Minnena uppväcktes, bilderna uppstod klara. De satt invid fönstret och kurade skymning, de väntade med att tända ljus, vårkvällens dager lyste dem där de satt lågmält talande med varandra. De talade aldrig högt i skymningen, aprilaftonens ljus passade för viskande samspråk. Vid husgaveln stod den stora törnrosbusken och krafsade på fönstret med sina späd-gröna grenar, som börjat skjuta knoppar. Frampå sommaren utgavs törnrosorna och då utbredde sig busken i all sin fägnande blom och skymde hela fönstret. Och där stod i kvällslyset den unga astrakanapeln, som hon själv hade planterat vid gaveln som sällskap åt den ensamma törnrosbusken. Hon hade grävt omkring det lilla trädet varje höst. Astrakanapeln bar sina första äpplen den sista hösten hon var kvar hemma — stora, goda, saftsvällande äpplen, klara och genomskinliga i skalet. Saften rann om munnen när man satte tänderna i dem. Frukten från det trädet var så syrligt frisk i smaken; hon gick hem flera gånger den hösten bara för att smaka på äpplena från astra-kanapeln, hennes egen apel.

Skulle hennes apel blomma i vår? Skulle trädet bära äpplen i

1. *Ki-Chi-Saga*, Indian name for a lake in Minnesota.

höst? Och skulle det bli några bär i år på krusbärsbuskarna, som hon hade satt vid källaren? Bären på dem blev stora som tumändar och lyste mörkröda när de blev fullmogna, de smakade sockersött i munnen.

Ett år hade förgått sedan den kvällen i aprils början, då hon tog sitt farväl av far och mor och syskon vid grinden framför föräldrahemmet. Hon som skulle fara stod på utsidan av grinden, de som hon skulle fara ifrån stod på insidan. Mor sade: Glöm inte, vår kära dotter, att vi vill råka dig hos Gud! Far stod och lutade sig mot grindstolpen, han sade ingenting, han stod med bortvänt ansikte och lutade sig mot stolpen som om han hade sökt stöd.

Hon gick därifrån, och de stannade kvar; de som stannade kvar skulle hon inte få se mer i denna världen.

Den kvällen var en ljus kväll, en enda långsamt fallande skymning, och kvällens dager var ett gott lyse för henne där hon gick på vägen. Det hade regnat under dagen, men klarnat mot aftonen. Det stod vårdoft över svarta åkrar och gröna gärden när hon gick ifrån gården, där hon var född.

Och sedan den kvällen hade året fullbordat sin ring, årets stora hjul hade svängt runt och fört henne långt bort på jordens klot, tusende mil bort. Hon hade utflyttat och bodde så långt borta, att endast tanken kunde föra henne tillbaka. Hon låg här i sin bädd i sitt nya hem bredvid sin make och såg ut i mörkret, spanande efter landet där kvällarna om våren var ljusa.

Hon tillryggalade vägen dit, hon färdades åter över de stora vattnen och de väldiga landvidderna. Hon for den väg tillbaka som skilde henne från hemorten. Hon såg den vägen för sig, stycke efter stycke, mil efter mil. Den mil hon kände hemifrån var en lång sträcka, det tog henne två, tre timmar att vandra den. Och den sträckan såg hon nu tusen gånger förlängas när hon stirrade ut i stugans mörker. Hon mätte ut mil efter mil, hon räknade milarna hon reste, hon räknade till tio, till tjugo, till trettio. Tills hon tröttnade på färden, hon kom bara ett stycke på väg. Till den tusende milen skulle hennes inbillning aldrig räcka; färden avstannade, resenären förlamades inför den förskräckande väglängden. Efter en stund svindlade det för hennes ögon som sökte inne i det mörker, där de ingenting kunde se — hon förmådde inte uppmäta den väg som skilde henne från hemlandet.

Det var vägen som hon aldrig mer skulle fara.

Hemlängtans grepp slöt sig mäktigare över Kristina när våren kom och kvällarna förblev mörka. Och stunden om kvällen när hon låg vaken blev den stund på dygnet som hon fruktade.

— — —

3

Om dagen upptog sysslorna tankarna, om dagen värjde hon sig. Men medan hon om kvällen låg i klarvaken väntan på att sömnen skulle sänka sig över henne, var hon öppen och oskyddad, och då trängde sig saknaden och ledsnaden på. Aftonbönen skänkte stundom sinnet stillhet och hjälpte henne att somna. Karl Oskar insomnade alltid före henne, ofta så snart han hade lagt ner sitt huvud på kudden, och hon brukade vänta med att be sin aftonbön tills han sov. Hon ville inte att någon annan än Gud skulle höra henne.

En kväll gjorde hon ett tillägg i sin vanliga aftonbön: Hon bad Gud att Han en gång skulle låta henne återse hemorten och de sina. För Gud var ingenting omöjligt: Om Han ville kunde han sträcka ut sin starkhets arm och flytta henne från Nordamerika tillbaka till Sverige.

Hon låg vaken efteråt och var i tanken med dem hemma och kurade skymning. Aftonbönen hjälpte henne inte alltid.

Så kände hon Karl Oskars hand på täcket, sakta sökande hennes:

— Krestina ...

— Trodde du sov, Kal Oska.

— Nåenting väckte mej. Dä va väl nåen skrikhoppa.

— Dä ä int' nåen skrikhoppa härinne i stuan i kväll.

Skrikhoppan var väl hon själv, när hon bad sin aftonbön.

— Har du vatt vaken länge?

— Nää. Vaknade nyssens.

Då hade han nog inte hört henne.

Hans hand hade letat rätt på hennes på sängtäcket:

— Hur ä dä fatt mä dej, Krestina?

— Dä ä ingenting. Ingenting mä mej. Sov du bara!

Men hennes röst hördes så tjock och grumlig, så ledset dov, att hon inte kunde begripa det. Hennes röst förnekade orden som hon sade. Hennes röst sade: Ja, det är någonting: Somna inte, Karl Oskar! Var vaken och hjälp mig!

Och hon var rädd för att han hörde vad rösten sade.

— Men varföre ligger du vaken än? undrade han.

— Ååh — int' för nået ... Dä ä bara dumt och barnslitt.

Hon ville vara stark, hon ville vara lika stark och härdig som han.

— Du less ...? Du less ve, Krestina?

— Vet int' va jag ska kalla'at ...

Han höll hennes hand i sin stora, hårda; han höll så hårt om hennes hand, att hon blev förundrad.

— Ä vi int' som förr di goaste vänner?

— Jo, Kal Oska. Dä ä vi ...

— Men då ska du säja'at, alltihop. Om du kämpar mä nåenting, så ska vi hjälpas åt. För di goaste vänner ska hjälpas åt.

Hon svarade ingenting. Det var tyst litet emellan dem.

Så sade han — hans ord lät bestämda och fast beslutna:

— Om du vill att Guds arm ska flötta dej tebakes, så sträcker jag ut min arm och håller dej kvar här hos mej!

Och hans ord var bestämda och beslutna.

Det var inte bara Gud som hade hört henne i kväll.

— Jaså. Nu vet du'at, Kal Oska.

Hon sade det i en lång, dröjande suck och tillade:

— Dä ä int' stort mer att säja. Dä va en barnsli önskan som kom över mej i kväll när jag ba aftonbönen.

— Jag började unnra den gången i höstas, när du grät ve
flöttölet, sade han. Sen dess har jag unnrat hur dä ä fatt mä dej.
Å på sistningen har jag förstått'at: Du kan int' förlika dej
härute. Du less.

— Jag förlikar mej nock. Dä ä int' felet. Jag begriper int'
felet själv.

Och plötsligt ville hon utgjuta sig för sin make och förtro sig
åt honom, hon ville att han skulle veta och förstå. För det
kostade på krafterna att gå och hålla en plåga som hennes i
doldom, det tog hårt på sinnet att gå och bära på en ledsnad och
en sorg, som skulle gömmas undan varje stund — gömmas även
för den som hon var i äktenskap förenad med. Och var inte Karl
Oskar och hon förenade för att lätta levnadens mödor åt
varandra och lindra varandras onda? Skulle han inte få veta att
hon låg vaken om kvällen och lekte i inbillningen, att hon for
vägen tillbaka hem — stycke efter stycke, mil efter mil?

Nu skulle han få förklaringen: Hon var inte missnöjd med
deras nya hem eller deras nya land. Hon trodde nog som han:
De skulle få det gott och tryggt här, om de fick behålla hälsan
och kunde fortfara att sträva och streta åren igenom. Men ett
land kunde inte förvandlas och bli ett annat. Amerika kunde
aldrig för henne bli Sverige. Hon kunde aldrig få hit över vad
hon saknade från barndom och ungdom i hemlandet. Och så
hade hon känt det som utflyttningen vore någonting som skulle
gå över. Hon var dock bara tjugosex år gammal ännu, och när
hon föreställde sig alla de kommande åren härute, alla de år
som ännu återstod av hennes liv, så kom denna obegripliga
sinnets plåga över henne och höll henne vaken. Hon hade visst
inte förrän nu förstått vad det ville säga att utflytta för hela
livet: Det var något för en människa att begrunda.

Och så hade hon till sist i kväll bett om hjälp av den Alls-
mäktiges arm — om Han en gång ville sträcka ut den ...

— Krestina lella ...!

Han hade inte släppt hennes hand — nu grep han den så
kraftigt med sin, att det gjorde ont: Han höll som om någon

just nu försökte rycka henne ur deras bädd, rycka henne bort från hans sida.

Men han sade ingenting nu. Hon frågade:

— Men du, Kal Oska: Less du allri etter ditt gamla hem?

— Kan väl hända. Iblann. Nåen gång.

Jo, sade han, det ville han medge. Någon gång kunde det komma en saknad över honom också. Det kom väl över alla utflyttade litet emellanåt. Men han slog strax bort den. Han var rädd för att den skulle tynga på sinnet. Han behövde sina krafter till annat. Han behövde sina krafter för deras förkovran härute. Han aktade sig — han förspillde dem inte på grubbel över det som han för alltid hade lämnat. Hur farligt det var att gå och gräva ner sig i grubbel, det hade han fått skåda häromdagen, när han såg en utflyttad man ligga på sitt eländes bädd, som han omtalat för henne.

Ja, hon visste det ju så väl: Vad hon grubblade över kunde aldrig ändras. Allt hennes funderande tjänade till ingenting — allt till ingenting.

— Men jag rår in't för 'at, Kal Oska ...

— Nää, söta goa du ...!

Han satte sig upp i sängen.

— Jag ska hämta nåenting åt dej.

Han steg upp och hon hörde honom gå över golvet. Han gick barfota bortåt spiselhörnet, hon hörde honom röra sig borta vid Sverige-kistan. Vad skulle han gå efter åt henne? Ville han hämta droppar? Trodde han att De fyra slagens droppar eller Hoffmans[2] hjärtstyrkande skulle hjälpa henne? Bota henne? Det fanns väl en matsked kvar ännu i vardera flaskan, de hade sparat på dem.

Karl Oskar kom lika barfotatyst tillbaka till sängen, han hade någonting i handen som han räckte sin hustru. Det var inga droppar, det var ett par små, utslitna, söndriga skor, ett par barnskor.

2. *Hoffmans droppar* or *De fyra* (*tre*) *slagens droppar* were used (mostly in folk medicine) for various illnesses.

Häpen tog hon emot dem, häpen kände hon igen dem:

— Annas gamla känger ...!

— Ja. Di hjälper mej att komma ihåg. När jag nåen gång less lite.

— Du menar att ...?

— Kanske di kängerna kan hjälpa dej också.

— Käre Kal Oska ...!

Hennes röst blev åter tjock.

— Du minns den vintern när hon fleckan tröt för oss? Du minns'at?

— Ja. Dä va den vintern jag samtöckte te'at. Att vi utflöttade. Jag har väl hållit på att ångra'at iblann. Men jag står ve mett samtöcke. Jag förebrår int' dej nåenting, Kal Oska. Du kommer ihåg va jag sa den natten på skeppet?

Han mindes väl, ingenting mindes han bättre: Hon hade sagt att hon ingenting hade att tadla honom för, ingenting att förlåta honom. De var de goaste vänner. Ingenting mindes han klarare än det. För det var den natten han trodde att hon skulle dö.

Denna gången var det hon som tog hans hand och höll den hårt i sin. Och emellan dem på täcket låg de gamla skorna, gjorda av en gångeskomakare i hemsocknen åt deras barns fötter — åt Anna som bara hann slita ut ett par känger medan hon levde här på jorden. Och nu var de kängerna här i Amerika och de gjorde ännu sin nytta, de påminde den dödas föräldrar och visade dem vad de i hemlandet hade genomgått: För hungerns skull blev flickans liv så kort, att hon aldrig behövde mer än ett par skor.

Karl Oskar sade: Här i Minnesota var deras hem, och här skulle deras hem förbliva. Här hade de sina barn och all sin egendom omkring sig, allt som hörde dem till i världen. I Sverige ägde de inte så mycket som en träsked mer, i Sverige var de hemlösa. Här låg deras hemvist.

Och om Kristina fortfarande kände det som om hon befann

sig borta, så ville han hjälpa till så att borta blev hemma för henne:

— Dä ä nåenting som jag länge har tänkt säja dej. Du ska veta: En gång ska våra barn tacka oss för att vi utflöttade hit te Nordamerrka.

— Du gissar dä? Du tror dä?

— Jag känner'at. Jag vet'at.

— Dä kan hända. Men sånt kan en allri veta.

— Jag känner'at så sant å förvisst, Krestina: Våra barn ska tacka sina föräldrar för att vi tog dom hit te lannet när di va små.

— Dä kan ingen veta ...

Men Karl Oskar försökte få henne att tro: Varje gång han betraktade landet häromkring och föreställde sig allt det som det kunde bära och ge dem, så blev han förvissad om det: Barnen skulle bli sina föräldrar stort tacksamma. Hon borde också tänka på den tid som kom, på tiden framför dem, på deras barn och barnens barn i sinom tid, på alla de led i släkten efter dem. Och alla de som kom efter skulle tänka och tycka och säga, att hon och han gjorde rätt den dagen, då de utflyttade från Sverige till Nordamerika.

Och vid den tanken dröjde han ofta, för den var honom till en god hjälp när hans strävan stundom kändes tung och utan ände. Den gav honom kraft när han slappnade till. Och kunde inte den tanken också bli henne till stor tröst, när hon leddes vid?

— Kanhända du har rätt, Kal Oska, sade hon. Kanske ... Men vi vet inget om den dag, som vi int' har sett.

Det var något annat, som Karl Oskar också hade gått och grunnat över och som han nu ville säga sin hustru: Det var på tiden att de gav namn åt sitt boställe.

De hade bott här nu så länge, en höst, en vinter och snart en vår, att de borde döpa sitt nybyggda hem. När de nu en gång för alla var bofasta här och aldrig skulle flytta. Den dagen i höstas när de flyttade hit hade hon sagt, att stället vid sjön liknade Duvemåla, att det var nästan lika grant och härligt här som hemma i Duvemåla. Sedan hade han flera gånger tänkt: De kunde ge sitt boställe namn efter den by i Algutsboda socken, där hon var barnfödd. Och efter vad han hade hört henne säga i kväll, så blev han ännu mer befäst i den tanken: De skulle kalla sitt nya hem i det nya landet för Duvemåla.

Vad sade hon om det? Vad sade hon om att de flyttade namnet på hennes föräldrahem hitöver?

— Jag ...! Kan du väl tänka att jag ...!

Kristina blev glad, för andra gången i kväll tog hon efter hans hand och höll den kvar: Namnet på deras hem var ett gott påfund. Det hade hon aldrig själv kommit att tänka på — att de kunde kalla stället efter hennes hemby!

— Duvemåla ... Vi bor int' längre ve Ki-Chi-Saga. Vi bor i Duvemåla. Så unnerlitt dä låter ...

Hennes röst var klar, inte längre tjock och grumlig.

— Då ä namnet bestämt, sade Karl Oskar. Och han hade något av en dopförrättares allvar och högtidlighet i rösten.

Kristina tänkte: Hädanefter skulle hon leva och bo i Duvemåla. Och hon ville på nytt försöka föreställa sig, att hon var hemma här.

Det första hemmet vid Ki-Chi-Saga i Minnesota Territory hade fått sitt namn, och det skedde sent en kväll om våren när makarna som hade byggt det låg vakna i sin säng och talades vid.

De talades länge vid; hustrun yppade vad hon kallade sin barnslighets saknad, hon nämnde om vårlyset därhemma nu, om törnrosbusken och astrakanapeln och krusbärsbuskarna och om allt som brukade komma för henne under denna stund om kvällen.

Det led emot midnatt, och de låg ännu vakna. Karl Oskar sade: Nu måste de sova. Om de inte somnade snart skulle de stiga upp trötta i morgon bittida. Och morgondagen kom med dryga sysslor. Själv skulle han i morgon börja på de närmaste årens viktigaste gärning: Vändplogen som han med så stort besvär förfärdigat av trä med egna händer stod äntligen färdig, och oxöket stod redo att hämta hos grannarna vid

Genesaret: Han skulle börja plöja upp grässlätten därute på
sluttningen — marken som skulle bli deras goda och bärande
och närande åker.

— Kommer du ihåg att dä ä en stor minnesda i morron,
Krestina?

— Nää. Ä dä int' en vanli söckenda?

— Dä ä den fjortende april. Dan då vi steg på skeppet i
Kalshamn.[3]

I morgon hade ett år förrunnit sedan de sista gången hade
fäderneslandets jord under sina fötter. I morgon skulle han för
första gången sätta sin plog i Amerikas jord.

4

Karl Oskar sov strax djupt, Kristina låg ännu en stund vaken.
Hon låg i natten och lyssnade till ljuden från sängen som stod i
stugans motsatta hörn — till korta, snabba andetag, till det
lätta suset från barnens andhämtning under sömnen. Det
påminde henne om vad Karl Oskar hade sagt henne i kväll: En
gång skulle deras barn vara sina föräldrar tacksamma för att de
hade utflyttat med dem medan de ännu var små och hade livet
framför sig.

Det kunde hända så, kanske hade han rätt. Men det visste
man aldrig, därom kunde ingen människa veta någonting,
därom var det lika gott att ingenting spå eller förutsäga.

Vad hon dock kunde förutsäga och säkert och visst veta, det
var att hennes barn icke skulle behöva genomgå den saknadens
och längtans smärta som hon genomgick och led: De bar inte
hennes minnen med sig från hemlandet, hennes saknad och
längtan kunde aldrig hemsöka dem, inga klara syner från ett
förgånget liv i ett annat land kunde stiga upp och plåga dem.
När de en gång hade vuxit upp så skulle de inte veta av något
annat liv än det som levdes här i deras inflyttningsland. Och
deras barn i sin tur skulle veta ännu mindre om något annat liv.

3. *Kalshamn*, Karlshamn, town in southern Sweden.

Hennes barn och barnbarn skulle inte som hon spörja efter träd och buskar som de hade planterat i ett annat land, inte fråga sig om de knoppades och blommade om våren och bar frukt om hösten. De skulle aldrig som hon ligga vakna om kvällen och spana ut i mörkret efter ett land, där kvällarna om våren var ljusa.

De som hon hade fött till världen och de som föddes av dem skulle redan i sitt livs början säga vad hennes egen tunga inte förmådde säga: *Härhemma* i Amerika — *därborta* i Sverige.

Dröjande vid denna tanke och lyssnande till sina barns andetag insomnade Kristina.

Ur *Invandrarna* (1952)

DET KOM ETT BREV   Av Pär Lagerkvist

For a biographical note on Pär Lagerkvist, see page 8.

Det kom ett brev om sommarsäd,
om vinbärsbuskar, körsbärsträd,
ett brev ifrån min gamla mor
med skrift så darrhänt stor.

Ord intill ord stod klöveräng
och mogen råg och blomstersäng,
och Han som över allting rår
från år till år.

Där låg i solen gård vid gård
inunder Herrens trygga vård,
och klara klockor ringde fred
till jorden ned.

Där var en lukt av trädgårdsgång
och av lavendel, aftonsång,
och söndagsfriden då hon skrev
till mig sitt brev.

Det hade hastat natt och dag,
utan att vila, för att jag
långt borta skulle veta det
som är från evighet.

Ur *Den lyckliges väg* (1921)

Ur ETT BROTT | Av Sigfrid Siwertz

SIGFRID SIWERTZ (1882–), prolific writer of fiction, essays, plays, and verse, had already made his debut in 1905 but is still active as a writer. Several of his works are, as for example Ett brott (*A Crime, 1933*), *based on current events or known personalities.*

Ett brott är en kombination av kriminal- och släktdrama, uppbyggd kring medlemmarna av familjen von Degerfelt. Fadern, justitierådet Andreas von Degerfelt, personifierar en äldre tids patriarkaliska ideal och uppträder även i hemmet som något av högste domare, medan hans söner — Rutger som varit flygofficer och Hans som är artist — söker revoltera mot tyranniet. Liksom de mer eller mindre depraverade efterkrigsungdomar som vi möter i den unge Hemmingways romaner, tillhör bröderna och Rutgers vackra, nöjeslystna hustru Maud en krets människor som söker döva sin inre osäkerhet genom att få ut det mesta av livet. För att skaffa pengar dödar Rutger i hastigt mod en gammal degenererad släkting, och därmed är familjen Degerfelts ställning förstörd. I slutscenen, som här återges, har Maud återvänt från en lång resa tillsammans med Hans och kommer för att besöka Rutger i fängelset.

SJUNDE TABLÅN

Ett mindre mottagningsrum i fängelset. Kala, betonggrå väggar. I fonden uppe under taket två gallerfönster i den tjocka muren. Till höger och vänster grova, järnbeslagna dörrar. Mitt i rummet ett stort, fult, ekmålat bord med tre stolar.

Maud införes från höger av en fångvaktare i uniform, en gammal gråskäggig man, kraftig och fyrkantig, men fängelseblek, som även de dömdas vaktare bli. Han betraktar med tydligt ogillande Maud, som är elegant, vitpudrad, rödsminkad om läpparna och tätt insvept i dyrt pälsverk, varunder en röd klänning skymtar. En fruktansvärt nervös anspänning döljes under hennes stolta och utmanande hållning.

FÅNGVAKTAREN

pekar på stolen till höger om det stora bordet.

Vill frun sitta ner där. Fången kommer strax.

MAUD

sätter sig ett ögonblick, men far åter upp när mannen fixerar hennes elegans.

Hit kommer de väl svartklädda som till begravning! Men jag är inte sån! Och inte han heller!

FÅNGVAKTAREN

Jag får be frun lugna sig och tänka på att inte bryta mot reglementet. På var sin sida om bordet, kom ihåg det. Och ingen beröring med fången. Och så är det bäst jag tar hand om er väska så länge. Bara för några dar sen var det ett försök att smuggla in osedliga vykort till en fånge.

Han tar Mauds väska och lägger den på en hylla under ena fönstret.

MAUD

kastar sig åter ned vid bordet och stirrar på dörren mittemot.

Varför kommer han inte. Varför kommer han inte!

FÅNGVAKTAREN

ser på sin klocka.

Jo, nu är han strax här. Lugna sig för all del, frun.

Dörren till vänster öppnas långsamt, och Rutger föres in av en annan fångvaktare, som dock omedelbart avlägsnar sig. Rutger är klädd i den grå, säckliknande fångdräkten och redan underligt vitnad bakom den svarta skäggstubben. Han dröjer först vid dörren, hopbiten och stum, kämpande mot en tyngd av skam, förnedring och dålig luft, som vill kväva honom. Det är något som nästan liknar hat i hans blickar.

MAUD

reser sig och sträcker armarna mot mannen. Det är ingen skräck utan blott en vild ömhet i hennes stämma.

Rutger! Älskling! Det är jag! Rutger då!

Hon hejdas av konstapeln och tvingas åter ner på sin stol. Även Rutger lyder tyst, när fångvaktaren anvisar honom att ta plats mittemot. De sitta nu ett ögonblick tysta och bara stirra på varandra.

FÅNGVAKTAREN

Ni har en halvtimme på er. Jag vill göra er uppmärksamma på att samtalet avbrytes genast, om där förekommer något olämpligt.

Han sätter sig på stolen i fonden och tar fram en liten svart andaktsbok, där han bläddrar med en grov tumme.

RUTGER

tar sig om hakan.

Jag ... jag ser förskräcklig ut ... man får bara raka sig en gång i veckan ...

MAUD

Rutger, vad har du låtit dem göra med dig! Det är ju jag, Maud! Säg något, Rutger!

RUTGER

bryter ut.

Jag dör bit för bit! Jag kvävs som en råtta i ett hål! Jag ruttnar ner som en spetälsk!

MAUD

Det är inte sant, Rutger! Jag vet att det inte är sant! Du är tapper! Du låter inte knäcka dig!

RUTGER

Å herregud, den som sutte i en flygmaskin! Och fick slunga den rakt i en klippvägg! Krasch!

MAUD

Det låter bättre. Nu känner jag igen dig.

FÅNGVAKTAREN

ser upp från sin bok.

Jag vill göra nr 139 uppmärksam på att det där är ett språk, som inte passar inom fängelsets murar. Det tillkommer fången att visa ånger över sitt brott och vilja att sona detsamma.

MAUD

Oh, he is a bore that old man! Can't we get rid of him!

FÅNGVAKTAREN

Jag får be frun att hålla sig till svenskan, som jag förstår. Här passar inte några överklassfasoner.

MAUD

skuggar med handen så att hon inte ser konstapeln.

Rutger, varför har jag inte fått komma förr? Sju långa månader!

RUTGER

Jag ville inte visa dig det här. Jag måste ju glömma dig. Livstids straffarbete! Det finns ju inget hopp. Jag kommer ju aldrig ut härifrån!

MAUD

Hur mycket grymmare är inte straffet än brottet!

RUTGER

Hundra gånger sa jag mig själv, att jag måste slita dig ur mitt liv, men så förmådde jag inte längre. Tack för att du kom ... Fast du borde inte ha kommit.

Med en förtvivlad suck.

Gud vad du är vacker, Maud!

MAUD

Jag har gjort mig vacker för din skull.

Hon öppnar oförmärkt på pälsen och visar sin djupt dekolleterade klänning.

Du tyckte ju om den här vinröda.

Vid en sträng blick från fångvaktaren, drar hon åter pälsen om sig.

RUTGER

sträcker armarna efter henne, drar dem åter hastigt tillbaka, slår sig med knogarna i pannan, viskar.

Klockan nio ska allt vara släckt, förstår du. Jag ligger där i mörkret, besatt av dig! Besatt! Jag vältrar mig i dig! Jag sliter sönder mina nerver med dig! Jag bedövar mig med dig! Å, vilket fördömt elände!

Han stirrar på sin högra hand och biter sig plötsligt i den.

Vilket elände ... och inget hopp! Kommer ju aldrig ut! Jag blir vansinnig, hör du, vansinnig!

Fångvaktaren slår igen sin bok, skakar på huvudet, reser sig upp.

RUTGER

i ångest.

Det är väl inte slut redan! Halvtimmen har väl inte gått redan!

FÅNGVAKTAREN

ser åter på klockan.

Nej, det är ännu dryga kvarten kvar. Men jag får ännu en gång be er båda att välja era ord och iaktta skick och ordning.

RUTGER

med en våldsam ansträngning att tala lugnt.

Flög du hit?

MAUD

Ja, jag flög från Paris i förrgår morse.

RUTGER

Och hur har du haft det där nere, Maud? Dina brev var så ... så konstiga ... Du har varit med Hans hela tiden?

MAUD

Vi har talat om dig hela tiden. Bara om dig. Dag och natt.

RUTGER

Maud, hur är det ...? Har du ...?

Tvärtystnar med en blick på fångvaktaren, som åter satt sig vid bordet.

MAUD

Hans är som besatt av dig. Jämt måste han tala om dig. Och därför kunde jag inte vara ifrån honom. Ideligen kom han tillbaka till ett och detsamma och ville ha mig att berätta och berätta. Jag kunde inte låta bli, Rutger, för jag tänkte ju inte heller på något annat. Vi var som kedjade till varandra.

RUTGER

Maud, du har ...

Tvärtystnar åter.

MAUD

Hans målade en hel serie underliga kriminalfantasier. De gjorde stor lycka nere i Paris. Han blir geni på dig, Rutger.

Konstnärerna blir genin på sånt, som riktiga människor kommer i fängelse för. Jag hatade honom men jag kunde ändå inte slita mig loss. Vi låg i mörkret och talade och talade om dig. Det är otäckt. Det kväver mig. Jag kunde dödat honom. Men nu är jag glad att jag aldrig mer behöver se honom. Aldrig mer se honom, förstår du, aldrig mer ...

RUTGER

hopsjunken med huvudet mot armen, lågt.

Gå din väg! Jag vet ju att jag ska ruttna bort här. Du har ju ingen att spara dig för. Men det gör mig ändå galen. Var så barmhärtig och gå.

MAUD

Stackars min gosse, vad det gör ont. Å, det gör lika ont i mig. Om den stygga Maud ändå fick ljuga lite för dig. Men jag svär att innan jag ger mig härifrån, så ska det där eländet vara så glömt som en dröm. Jag lovar det, Rutger. Bara du vill. Glömt och borta förstår du.

RUTGER

Jaså, jag ska glömma att jag fått en kniv genom bröstet.

MAUD

Bara en ond dröm, Rutger. Du ska ge mig rätt. Men först måste jag berätta om din far.

RUTGER

Jag vill ingenting höra om honom. Ge mig hellre ett nytt knivhugg. Fläng sönder mig riktigt. Å, det är visst skönt ändå att bli sönderflängd.

MAUD

Du *ska* höra vad jag säger. Jag stannade i Köpenhamn på uppvägen och for ut till farbror Andreas. Han sitter ensam i ett spökhus vid Sundet[1] och stirrar över åt svenska sidan. Han var alldeles vit och genomskinlig och händerna skakade och han talte också bara om dig, Rutger. Han kunde inte lida att ha dig i fängelse. Varför fick Rutger inte tillfälle att skipa rättvisa, sa han. Han var sträng och underligt mild på samma gång. För första gången kände jag, att han är din far, Rutger. Jag kastade mig ner vid stolskarmen och bara grät. Hälsa Rutger, att för mig är det snart över, mumlade han. Han får inte hata mig längre. Säg Rutger, att han inte ska sitta där och hata mig.

RUTGER

Inte hatar jag honom. Jag orkar knappt hata mig själv längre en gång. Tänk, allt har jag förstört för honom. Bara sorg och elände. Varför blev jag född? Varför har jag levat?

MAUD

Har du inte älskat mig? Har du inte mig! Vänta bara lite så är vi snart framme, Rutger. Han ska inte våndas över oss längre. Han ska bli stolt över oss.

RUTGER

Ska han bli stolt över oss? Har du blivit förryckt, Maud? Stolt över oss?

MAUD

Don't look so startled, I have ...

1. *Sundet* (= Öresund), the sound between Sweden and Denmark.

FÅNGVAKTAREN

Hör ni inte att ni måste tala svenska. Upprepas det här så är det min plikt att avbryta samtalet. Här får varken smusslas med ord eller något annat. Det är tio minuter kvar nu.

MAUD

Förlåt, konstapeln. Se jag är uppfostrad utomlands och har inget riktigt modersmål. Jag ska försöka vara korrekt.

Med spelat intresse till Rutger.

Det är så sant, jag har ju glömt att fråga dig om fångkosten, Rutger. Hur bekommer den dig?

Hon pekar när fångvaktaren åter ser ner i sin bok, oförmärkt på en större medaljong, som hon bär på bröstet.

RUTGER

stirrar på henne utan att förstå och svarar mekaniskt.

Fångkosten ... kosten ... jag kan knappt äta upp hälften ...

MAUD

Jaså, det var ju bra att maten är tillräcklig, kära Rutger.
I annan ton.

Du tittar på min medaljong ...

RUTGER

utan att ännu förstå.

På din medaljong ...?

MAUD

tar loss medaljongen och fingrar nervöst med den.

Ja, jag tror inte jag visat dig den förut. Den har tillhört min mormor. Hennes första man föll i Krimkriget[2] och hon bar alltid kulan, som dödat honom, här i medaljongen. Vad tycker du om det, Rutger? Att ha döden så här i medaljongen?

RUTGER

Är kulan där än?

MAUD

förtvivlad för att han inte vill förstå.

Nej, det menar jag inte.

Efter en ny ängslig blick på fångvaktaren.

Rutger, kommer du inte ihåg den där sången jag brukade sjunga om den "Förtrollade körsbärsgrenen"? Kinesflickan räckte den åt sin gosse genom fängelsegallret och bara han förde den till sitt ansikte, så smalt gallret bort och allt blev som en dröm.

RUTGER

börjar ana hennes mening.

Ja, jag minns. Tala om mer sånt där, Maud. Det gör så gott i en stackars fängelsekund.

MAUD

Minns du den där gamla vackra franska visan om kungen och markisens hustru då? Drottningen var svartsjuk och skickade en förgiftad blomsterbukett till markisinnan ...

2. *Krimkriget*, the Crimean War (1854–56).

Avbryter sig.

Jo, snälla konstapeln, det gör väl ingenting, att jag gnolar en fransk visa för min man? Det är en sån vacker visa.

FÅNGVAKTAREN

Nej, det gör väl ingenting.

MAUD

gnolar.

... Et la senteur de ce bouquet
a fait mourir marquise.[3]

RUTGER

har fullt förstått hennes mening. Ser Maud i ögonen. Talar lågt och bävande.

Maud, jag tycker allt mycket om den där medaljongen.

MAUD

Jag tycker lika mycket om den som du. Förstår du det. Lika mycket som du.

Vänder sig till fångvaktaren med ett blekt, bevekande smil och en snyftning i stämman.

Jo, snälla konstapeln, får jag be om min väska. Jag vill bara ha min näsduk, förstår konstapeln. Gråta får man väl ändå här?

3. *Et la senteur de ce bouquet | a fait mourir marquise,* And the scent of that bouquet caused the death of the marchioness.

Konstapeln går efter väskan. Medan han vänder ryggen till öppnar Maud hastigt medaljongen och tar fram två små vita kulor, av vilka hon rullar över den ena till Rutger och själv behåller den andra. De sitta alltså där med var sin kula i handen, när fångvaktaren återvänder. Maud tar näsduken ur väskan — som mannen dock behåller — och låtsas torka sig i ögonen. Sedan ser hon åter upp mot Rutger med ett bävande leende.

MAUD

Ja, så var det historien om de två vita kulorna, Rutger. Behöver jag berätta den för dig?

RUTGER

Nej, den behöver du inte berätta. Jag vet precis hur den är.

FÅNGVAKTAREN

ser åter på sin klocka.

Ja, ursäkta jag anmärker, men har ni något viktigt att säga varandra så passa på och gör det nu. Bara två minuter kvar.

MAUD

Kan inte konstapeln vara snäll och gå ett par steg från bordet. Vi är ju man och hustru. Vi ser kanske inte varann mer i livet. Var barmhärtig nu.

FÅNGVAKTAREN

Det är egentligen mot reglementet.

Drar sig dock bort mot ena fönstret.

MAUD

viskar.

Nu Rutger.

RUTGER

Ja.

MAUD

På samma gång.

RUTGER

Ja, och så ser vi varann i ögonen hela tiden.

De sväljer samtidigt utan att fångvaktaren märker något de båda pillerna.

MAUD

med en annan röst, hög, spänd, utan förställning.

Nu är det ingen återvändo. Ser du att allt skulle bli bra.

RUTGER

Nu är det slut med vårt elände, Maud. Aldrig vara rädd mera ... Ingen fördömd ångest att slå ihjäl längre ...

MAUD

Aldrig har du varit rädd, Rutger. Inte ett spår av fruktan är det i ditt ansikte. Nej, tapper är du. Och jag är heller inte rädd. Inte är det något farligt att somna.

RUTGER

Om jag bara fick hålla din hand, lilla Maud. Tänk att du kom
och hjälpte mig ändå ...

MAUD

Tänk om det inte är för evigt, Rutger. Tänk om vi vaknar
nånstans där det inte är några murar omkring oss.

RUTGER

Jag vet inte om jag vill vakna igen. Längst inne har jag ändå
alltid känt mig trött. Nej, jag vill inte.

MAUD

Å, för min skull. Du måste vilja det för min skull. Jag har
visst inte dansat slut ännu.

Med ett ryck av smärta.

Å, det gör ju ont i alla fall, Rutger!

I ångest.

Herregud, vad har vi gjort! Kom och håll i mig! Du måste
komma och hålla i mig.

Rutger reser sig till hälften, men sjunker tillbaka i stolen vid en
sträng min från fångvaktaren.

FÅNGVAKTAREN

tillbaka från fönstret.

Det är visst fjärde gången jag ser mig tvungen att anmärka.
Följs inte reglementet, så drar fängelsedirektionen in besöken
fullständigt. Var god och behåll era platser!

RUTGER

håller tillbaka sin smärta.

Hälsa kungliga rättvisan från oss, konstapeln. Vi drar oss tillbaka. Vi är omöjliga, konstapeln. Vi drar oss tillbaka.

FÅNGVAKTAREN

Å nej, här drar man sig inte tillbaka. Här stannar man vackert.

RUTGER

Var inte säker på det.

MAUD

Tala inte med den där människan. Han finns inte. Han är bara en mardröm. Varken han eller gallret där finns. Å, kan du inte komma hit till mig. Hålla i mig! Ja, jag är visst rädd ändå. Å, vad det gör ont, Rutger! Vad det gör ont! Tänk Maria som snart ska ha ett barn. Känns det så här månntro? Å herregud, det sliter sönder mig, det sliter sönder mig!

FÅNGVAKTAREN

stirrar på Maud.

Är frun sjuk?

RUTGER

Med stela ögon och händerna krampaktigt knutna på bordet.

Du får inte gå före mig, Maud. Du måste vänta så jag hinner med. Det är väl säkert, att jag inte blir lämnad efter.

FÅNGVAKTAREN

Vad vill det här säga? Vad är det med er?

MAUD

Nej, det är säkert, Rutger, absolut säkert. Det finns ingen återvändo. Å, så det brusar i öronen! Det är som en jordbävning! Om jag bara nådde din hand. Om jag bara kunde nå din hand.

De sträcka händerna över bordet utan att nå varandra. Det är för brett. Falla så nästan samtidigt ihop mot bordsskivan. Fångvaktaren, som stått stel av häpnad och sträck, stirrar på de båda orörliga gestalterna och slår ihop sina händer.

FÅNGVAKTAREN

Vad i herrans namn ... vad har människorna gjort ... reglementet ...

Han börjar ringa vilt på en klocka.

RIDÅ

GÅTFULL DÖD I GAMLA STAN[1]

Av Vic Suneson

SUNE LUNDQUIST (pseudonym, Vic Suneson) (1911–) is a civil engineer who has become a very successful writer of cleverly constructed detective stories.

Vem vet hur Vackra Vivianne tog sitt sista bad?

I dag på förmiddagen hittades den unga, välkända modetecknerskan och kåsösen Vivianne död i sin lägenhet vid Köpmangatan i Gamla Stan. Den hemska upptäckten gjordes av fru Elvira Lindgren, som städar i lägenheten. Polisen är mycket förtegen, men en sak tycks vara klar. Det kan vara mord!

Just nu är polisen särskilt intresserad av två frågor. Vem tappade i vattnet i badkaret? Var det Vivianne själv eller gjordes det efter det hon fallit i karet? Och en andra fråga. Vem besökte henne under lördagen eller möjligen söndagen? Av de spår som redovisats vet man nämligen att hon haft besök av åtminstone en person.

Stefan läste som trollbunden. Ögonen flög längs raderna. Inget var nytt för honom. Inget avvek från det mönster han redan kände till. Allt var vad han väntat. Allt ...

Ända tills han kom till slutet.

Polisen är som sagt mycket förtegen. I pressläggningsögonblicket har dock denna tidnings utsände lyckats få fram ett par nya fakta, som möjligen kan vara av största vikt för fallets fortsatta behandling.

1. *Gamla stan* (The Old Town), the oldest part of Stockholm.

66

Man vet med säkerhet att någon besökte Vivianne innan hon dog.

Och varför vet man det? Jo! Polisen har hittat två likörglas. Ett stod på nattduksbordet intill hennes orörda säng. Det andra bakom gardinen på marmorbänken under fönstret i sovrummet. Glaset på nattduksbordet bär Viviannes fingeravtryck. På det andra glaset finns det också fingeravtryck. Vems vet man ännu inte. Städerskan, fru Lindgren, hävdar med bestämdhet att glasen inte fanns där, när hon lämnade lägenheten på lördag eftermiddag.

En fråga står alltså öppen.

Vem besökte Vivianne innan hon dog?

Vems fingeravtryck finns på det andra likörglaset?

Stefan lät tidningen sjunka och stirrade framför sig.

Likörglas?

Vem besökte Vivianne innan hon dog?

Jag!

Vem mördade Vivianne?

Jag!

Men vem stängde av badrumskranarna? Vem släppte på radion? Och vem ...

Det *kan* ha stått ett glas bakom gardinen i sovrummet.

Men det stod med absolut säkerhet inget glas på hennes nattduksbord!

— — —

Stefan Marck hade gått under jorden. Han hade plånat ut sin existens. Fullständigt försvunnit.

Hans vänner visste inte var han var. Hans kontakter på tidskrifter, radio och film bara skakade på huvudet. Semester, bortrest, reportage. Vi vet inte.

När han ändå höll på och frågade ut folk på tidningar, så kunde han ju lika gärna höra sig för närmare även om Vivianne, tänkte Kjell.

En tidning och ett namn.

Vad är ett namn? En signatur. Ett täckord. En namnteckning.

En signerad teckning. Namnteckningen på en teckning. En teckning i en tidning?

Redaktionssekreteraren hade rödkantade ögon, snuva och dåligt humör.

— Vivianne? sa han. Hon var en apa. En förbannad ... mjaa, ett satans skickligt fruntimmer, det kan inte förnekas, och hon sålde,[2] men trots det, så var hon en apa. En förbannad apa.

— Om hon skötte sin spalt? Joo, lita på det kommissarien. Hon missade aldrig på en dag, aldrig en timme. Alltid perfekt, när det gällde arbetet. Men grinig, nervös, elak, irriterad.

Det glittrade till någonstans nere i bottnen på de rödkantade ögonen.

— Ungefär som jag!

Han sköt en bunt klipp ifrån sig och tände en cigarr. Så flinade han till.

— Det var väl för resten samma dag hon dog, som hon förde ett sånt Herrans liv här uppe på tidningen. Det var något med vinjetten till hennes spalt. Ni kanske minns att hon alltid ritade ... Han såg på Kjell ... men ni läser kanske inte modespalter.

— Fortsätt, nickade Kjell.

— Hon ritade alltid sina vinjetter själv, återtog redaktören. Alltid nya. Det var hennes ansikte utåt, om ni förstår vad jag menar. Men så förolyckades teckningen på klichéanstalten. Sånt händer tyvärr ibland. Och vi var alldeles ställda. Hon var bortrest ett par dar och vi kunde inte få tag i henne. Vi fick lov att slänga in en gammal teckning i stället. En som vi hade använt förut. Och det var det hon var så arg över.

— Underligt? Tjaa? Hysteriska fruntimmer. Och så var hon ju narkoman, vilket inte direkt kom som nån överraskning. Vi hade det nog på känn.

Kjell reste sig.

---

2. *och hon sålde*, (her drawings) increased sales.

— Ni har ... vad heter det ... lägg, tror jag, sa han. Där ni har alla tidningar bakåt i tiden,[3] eller hur?

Journalisten nickade.

— Jag ska be vaktmästarn visa vägen, sa han.

Han fick fram en näsduk och presterade ett par enorma trumpetstötar.

— Förlåt, sa han. Ajö då.

Kjell var vid dörren.

— Vänta ett slag, sa redaktionssekreteraren. Det är inte möjligen något nytt i fallet Vivianne i faggorna. Jag menar ... om jag nu har hjälpt er på traven, så kanske ni kunde ... öga för öga,[4] och så vidare ...

— Det går långsamt, sa Kjell. Jag vet det. Men om det händer något, så ...

Han följde efter en vaktmästare till läsrummet med läggen. Han satt där och bläddrade. Viviannes modespalt hade alltid kommit på torsdagarna. Hon mördades på en lördagsnatt eller kanske på söndag morgon. Det fanns inget i teckningarna som slog honom. Flotta och klatschiga teckningar.

En tidning och ett namn?

Ett namn är det en namnteckning?

Han plockade fram tändsticksasken. En ask som han ständigt bar på sig. En ask som hade haft hans fingeravtryck under veckor. En ask som hade haft hans fingeravtryck vid ett mycket olämpligt tillfälle. NÄRKE[5] på ena sidan och *Vivianne* på den andra. Viviannes namnteckning. En tändsticksask som han aldrig använde men alltid hade med sig.

Ett memento till ett dåligt samvete.

Tillbaka i läggen igen. Till den dag, då teckningen blivit förväxlad. Då man tagit in en äldre teckning, en som använts förr.

3. *tidningar bakåt i tiden*, back numbers.
4. *öga för öga* (och tand för tand) (from the Bible), an eye for an eye (and a tooth for a tooth).
5. *Närke*, Swedish province.

Han tittade på asken och han tittade på teckningen.

Och så stelnade han till i nacken. Hakan sköt ner mot bröstet. Ögonen var mycket vassa.

Han bläddrade framåt igen. Han gjorde anteckningar bakåt i tiden. Han bläddrade och tittade. Och han fick fram ett protokoll.

Viviannes namnteckning var nästan som om den alltid kommit från samma kliché. Alltid oföränderligt lika. En namnteckning med kantiga staplar upp och ner och en sista litet överdådig släng ner mot hörnet.

Och ändå fanns där två versioner.

Med jämna mellanrum dök det upp en teckning, där namnteckningen slutade med en släng *uppåt*.

Och den redan begagnade teckningen som man tagit in den där torsdagen innan hon dog. *Där var slängen uppåt*.

Han stoppade tändsticksasken i fickan och gick ut till en telefonhytt, ringde upp kriminalen och satte ett par man i arbete. Han gick ner och klarade tankarna vid en flaska Beyaz på Tennstopet.[6] Han for upp till Bergsgatan och fick bekräftelse.

Det var uteslutande i Viviannes modespalt som den där slängen uppåt förekom. Inte på teckningarna som fanns kvar i ateljén. Inte på de illustrationer hon gjort i olika veckotidningar.

Bara i modespalten. Och bara ibland.

En code. En signal.

En tidning och ett namn. Så skickade jag pengar. Och så kom det ...

Viviannes modespalt hade använts som en signal till doktor Sömns kunder. När slängen i namnteckningen vände uppåt, så skulle man skicka in pengar. Och om man skickade in pengar, så levererades varan. Om man inte skickade in pengar kom det ingenting. Då fick man sukta. Lida. Längta. Hungra. Men skickade man in pengar, så kom varan.

Men vart skickade man in pengarna?

Inte vågade doktor Sömn lämna ut sin rätta adress? Han

6. *Tennstopet* (The Pewter Tankard), a restaurant in Stockholm.

ringde upp kunder som han på något sätt fått reda på var i behov av narkotika. Han kallade sig doktor Sömn och han erbjöd leverans. Om vederbörande reflekterade, så kunde han sätta in en annons under personligt[7] i en dagstidning. Gjorde han det, så skickades varan. Första gången utan förhandsbetalning. Men i fortsättningen säkert först efter prompt likvid.

Men hur?

Här var en ny nöt att knäcka.

Och ändå hade han kommit ett steg vidare. Det kunde vara en gissning, en felspekulation, men det var mycket bestickande. Något underligt måste ligga bakom Viviannes variation i namnteckningen.

Men varför hade hon varit så irriterad och upprörd den där lördagen, då hon mördades?

Svaret låg nära till hands. Teckningen skulle leda till att kunderna skickade in pengar. *Och doktor Sömn hade inga varor att leverera.*

Var Vivianne doktor Sömn?

Var det därför hon blivit mördad?

Vivianne kom från Amerika. Man fick ingen ordning på hennes förflutna, hennes föräldrar, hennes liv innan hon kom till England och Sverige.

Men hon själv var narkoman. På något sätt tog det emot att tro en narkoman om den omsorgsfulla planering, den organisation, som måste ligga bakom en distributionsapparat som den här. Man visste att det strömmade in narkotika i mängder. Man visste att människor blev vrak och spillror. Man visste ...

Vrak och spillror?

Den där torsdagen då tidningen tog in fel teckning. Den måste ju innebära att doktor Sömns kunder skickade in pengar. Om han gissade rätt, så hade doktor Sömn ingen täckning. Kunde inte leverera.

Han drog åt sig telefonen och slog ett internt nummer.

— Det är Myrman, sa han. Vill du kolla en sak åt mej. Ta och

7. *under personligt*, in the Personal column.

titta över[8] en vecka i slutet av augusti. Börja fredagen den 21 och ta en dryg vecka framåt. Jag vill veta om det har varit särskilt oroligt på narkotikafronten då. Ring när du är klar.

Han tände en ny cigarett och började trava omkring i rummet.

Det här är ett litet, litet steg framåt, tänkte han. Ett litet och kanske alldeles vilse steg. Kanske rätt ut i det blå. Men det känns riktigt. Och det *måste* vara riktigt.

Ur *Fäll inga tårar* (1953)

8. *ta och titta över*, just look through.

TROTS DECKARNA | Nils Ferlin

For a biographical note on Nils Ferlin, see page 26.

Vårt liv är tämligen undermåligt,
vi skrattar villigt men sover dåligt
trots deckarna på vårt nattduksbord
som stadigt utökar sina mord.

Här är ett drama med mycken list i
och här ett annat: Agatha Christie.
Hon staplar likena, flink och van,
pyramidalt à la Djingis-khan.

O liv, som klär oss i löjligheter:
en solkatt mellan två evigheter,
ett hastigt ljus som vi ej förstår
och hinner fatta förrn det förgår.

En mask som krälar en stund bland gräsen
vet lika mycket om livets väsen.
Dock är hans kunskap helt säkert skral
om både Christie och hibernal.

Ur *Från mitt ekorrhjul* (1957)

73

DEN HYCKLANDE FAMILJEN

Av Hjalmar Bergman

HJALMAR BERGMAN (1883–1931), is one of the most versatile and gifted Swedish authors of this century. A brilliant narrative skill, fabulous fantasy, and a multitude of queer and yet credible characters are some of the characteristics of his works.

Hyckleri är en avskyvärd last.

Pastor Andreas Schram sa till sin nyblivna fästmö:

— Varje familj har sitt särskilda lyte. Vi Schramar äro hycklande och baksluga. Vi älska intriger och kabaler. Giv akt på oss i afton! Det skadar inte att hålla ögon och öron öppna, lilla Lisa-Brita Ingenting. Du kommer nu att göra bekantskap med dina blivande svågrar och svägerskor. De komma att uppspåra dina svagheter och genomskåda dina hemligheter för att använda dem i sina syften. Tag dig tillvara, Lisa-Brita Ingenting.

Han kallade henne Ingenting därför att hon var ett äkta hittebarn från hittebarnshuset. Han kunde också ha kallat henne van Dehn, ett aktat namn som bars av hennes fosterföräldrar. Men han ansåg att han då och då borde påminna henne om hennes upprinnelse. Han sa:

— Fröken Ingenting, ni kommer snart att heta fru Schram. Det är ett fint gammalt borgerligt namn. Jag hoppas kunna räkna på en smula tacksamhet.

— Vad mig beträffar, fortsatte han, så är jag nog den minst intrigante och kabalistiske medlemmen av familjen. Men när jag vistas i mitt föräldrahem bland syskon och svågrar måste

74

jag till en viss grad tjuta med ulvarna. Du ska därför inte
förarga dig, om du får höra mig fälla yttranden, som jag
egentligen inte kan stå för.

Han lade sina breda, långfingrade, vita händer på hennes
smala skuldror och såg ned på henne, djupt ned, så djupt att han
nästan fällde ögonlocken. Han fortsatte att ge instruktioner,
sägande:

— Var alltså på din vakt! Antagligen har du redan kommit en
smula underfund med mig. Vi ha känt varandra i veckor och du
är inte dum om än tämligen outvecklad. Det är allom nyttigt
att vara skarpsynt men för en liten fröken Ingenting är det så
gott som nödvändigt. Därmed har jag icke sagt att den dygden
ej kan överdrivas. Du kommer att få se ett varnande exempel i
faster Wretman. Tyvärr kommer hon hit till pappas födelsedag.
Hon är säkert den mest skarpsynta människa jag träffat. Det
har inte varit henne till gagn, tvärtom. Hon har rätt, när hon
säger att hennes ovanliga förstånd varit hennes olycka. Som
barn genomskådade hon sina små kamrater. De drogo sig
undan. Hon genomskådade sina föräldrar och fick stå i skam-
vrån. Som ungmö genomskådade hon sina tillbedjare och de
togo till flykten. Nu genomskådar hon alla människor och alla
människor sky henne. Det är bara vi, stackars Schramar, som
måste hålla till godo med henne. Varför? Jo — hon är vår enda
arvtant. Vår enda! Men du vet kanske inte vad det betyder, du
Hittebarnshus-unge, du lilla Lisa-Brita Ingenting!

Hon sträckte sig på tå, hon krafsade i luften med fingrarna,
hon visade tänder, skarpa som en ekorres. Hon var lika liten
och svart som han var lång, bredskuldrad och blond. Men hon
var inte att leka med. Och hon sa:

— Tigger du en örfil? Du kan få flera. Här finns på lager.

Han fällde ögonlocken ytterligare en halv millimeter, drog
litet på mun och svarade. — — Inte ens en liten tattaretös som
du torde falla på den idén att slå en andans man, en pastors-
adjunkt. Dessutom räcker du inte upp. Sansa dig därför och
hör på, ty vad jag har att säga är av en viss betydelse. Andra,

lyckligare familjer, bruka vara i besittning av ett större eller mindre antal rika onklar och tanter i det ogifta ståndet och föra därför ett bekymmerslöst liv, mänskligt att döma. Jag och mina stackars syskon ha nödgats arbeta eller gifta oss fram till de ingalunda föraktliga ställningar, vi nu intaga. Vår far är ju inte alldeles barskrapad men snål och misstänksam. Som du märkt är han så gott som stendöv. Han anser sig inte ha råd att köpa en hörlur och skulle bli ond, om vi gjorde det. Uppriktigt sagt ha vi aldrig haft en tanke åt det hållet. Varför skulle vi det? Minsann är det inte skönt att kunna tala fritt och öppet även då han är närvarande. Tyvärr har han på sistone tagit sig för med att låta lilla Jacobina, yngsta barnbarnet, upprepa för sig vad vi äldre säga. Han tar för givet att den lilla inte ska narra honom och det gör hon inte heller annat än på direkt upp-maning eller då det lilla pyrets putslustiga lynne lockar henne till små spratt.

Hon spärrade upp sina svarta ögon, sporde:

— Vem? Vem uppmanar barnet att narras?

Han åter spärrade upp sina troskyldiga blå ögon i lutter förvåning och svarade:

— Vi, naturligtvis, jag och mina syskon. Det händer ju att vi oss emellan yttrar saker som inte äro lämpade för den gamle. Mor hör oss visserligen men den lilla gumman är så tankspridd, vi ha ingenting att befara från hennes sida. Och låt oss nu återvända till Wretman. På vad sätt och till vem hon är faster, vet jag verkligen inte. Vi ha aldrig grubblat över den saken. Vi barn veta, att hon är vår enda arvtant och vi ha konsekvent handlat därefter. Det är inte alltid så lätt. Hon har skarpa ögon och än skarpare tunga. Före varje hennes besök måste vi så att säga hypnotisera oss själva och varandra till undergivenhet och älskvärdhet. Mor och far har det bättre. Mor och Wretman är barndomsvänner. Mor behandlas relativt skonsamt. Far däremot! Lyckligtvis är han ju döv och jag skulle knappast tro att han låter Jacobina upprepa gummans elakheter. Han vågar inte. Han kunde förgå sig. Och han vet vad det har att betyda.

Nu ber jag alltså dig, allra käraste Lisa-Brita, att iakttaga samma älskvärdhet som familjens övriga medlemmar.

Han drog henne intill sig i en smekning, men den spänstiga lilla gjorde sig snabbt lös. Hon drog upp överläppen, framvisade de skarpa tänderna, men rösten var behärskad fast knapp, stram och torr. Hon svarade:

— Jag lovar att vara uppriktig, hänsynslöst uppriktig mot den gamla damen och mot er alla. För att börja genast vill jag bara säga att den här familjen tycks vara ytterst obehaglig. En samling hycklande, lismande människor! Åh fy, jag tror jag reser!

Han sade:

— Ånej, min lilla, nu är du här och nu stannar du! Han tog henne i famn och kramade henne så hårt att hon skrek till. Han rynkade pannan, han böjde sig ned och viskade henne i örat: Skrik du, lilla tattaretös. Här i huset är vi allesamman stendöva. När det passar oss. Och det där om hycklare och lismare får du vara god och ta igen. Även om det skulle råka vara sant — — —

Sedan pastor Andreas sålunda gett sin fästmö några upplysningar och förhållningsorder, förde han henne in i salongen, där familjen samlats. Det var en gammaldags salong med svällande röda plyschmöbler, stora speglar i rik guldinfattning, otaliga porslinsstatyetter, pappersblommor i vaser, pendyler under glaskupor, väldiga fernissade palmblad i en jätteurna av metall, familjeporträtt på borden i ramar och digra album. I soffan satt husets herre, köpman Joel Schram, liten och torr, pigg och livlig, stickande grå små ögon under stora, vita ögonbryn. Bredvid honom satt Jacobina den Gamla ännu mindre, ännu spensligare, ännu piggare och livligare än sin granne men betydligt yngre — hela sextiofem år yngre. På gubbens andra sida tronade i rogivande lugn Jacobina den äldsta, köpmannens hustru, mor till Jacobina den äldre och mormor till Jacobina den gamla. Hon var rund och fryntlig, hennes mage var ett stort klot, hennes huvud ett litet klot,

hennes ögon voro klotrunda och mörkblå alldeles som pastors-
adjunktens. De båda gamla höllo varandra i hand som gam-
malt äkta folk gör på familjetavlor. Vid salongens långvägg
mittemot soffan sutto de båda gamlas barn par om par med
make eller maka. Som hälsningar redan utbytts tog Andreas och
hans fästmö plats sist i raden och salongen liknade nu famil-
jeinteriörer i ett panoptikon. Pastorsadjunkten yttrade högt till
Lisa-Brita: —

— Presentationen vid din ankomst gick så hastigt. Du vill
kanske ha några korta upplysningar om dina blivande släkting-
ar? Mannen därborta med det slappa, enfaldiga ansiktet är
min äldste bror Joel. Han grundade i sin ungdom en galosch-
fabrik, som snart gick över styr. Lyckligtvis var han på den
tiden en vacker karl och en rik stackars gås till flicka — hon
som sitter bredvid honom — lät lura sig till äktenskap. Han
sköter numera vår fars affär. Han själv tycks må bra av det men
affären tynar. Den punchfete, rödnäste herrn, som sitter bredvid
min stackars syster Jacobina är hennes man, överste Brenner.
Han är visserligen endast major med överstelöjtnants avsked,
men överste och överstinna låter ju bättre. Han är av fin
familj och vi stoltsera med hans släktingar, som däremot inte
stoltsera vare sig med honom eller oss. Den rävaktige herrn,
slutligen, som sitter bredvid mig är min bror Arvid, härads-
hövding, praktiserande jurist. Nåja, det finns ju gott om dumt
och lättlurat folk och bror Arvid reder sig förträffligt. Hans feta
fru tar du antagligen för en före detta ladugårdspiga. Misstag.
Hon är född grevinna. När det värda herrskapet vistas på
främmande ort, tecknar sig min bror "A. Schram med gre-
vinna." Följaktligen blir han själv titulerad greve. Inte så dumt!
Finurligt utan att formellt sett vara bedrägeri.

Han tystnade, pustade ut och strök sig över den guldgula
kalufsen. Men flickan med de svarta ögonen stirrade förvirrad
från den ena till den andra. Ingen yttrade ett ord eller förän-
drade en min. Blott den lilla gumman i soffan smålog fryntligt
och sa:

— Jaja, kära barn, va ni allt hittar på!

Då grep Lisa-Brita sin fästman i armen och viskade:

— Säg mig — är de stendöva allesamman? Han viskade tillbaka:

— Tvärt om. De höra utmärkt. Vad du här bevittnat, har blott varit en övning eller mönstring. Vi ha prövat hur långt vi tåla kallt stål. Om en timma ha vi faster Wretman här. Lyckligtvis tycker jag mig finna, att vi alla äro i god form.

Knappt hade Lisa-Brita något hämtat sig från sin förvåning, förrän en ny bjöds henne. Överste Brenner tog till orda, sägande: Fränder, vår vördade gubbe fyller sjuttio år och jag har fått i uppdrag att anskaffa lämplig gåva. Jag har bestämt mig för en päls. Det är en solid och reputerlig gåva. I vårt klimat icke heller någon lyx. Alltså — en päls!

Den äldsta Jacobina slog sig på knäna, utbristande:

— Åh kära, söta nån, då![1]

Jacobina den gamla åter gled ned från soffan, dansade en liten solodans, hopppade åter upp i soffan, slog armarna kring den gamles hals och gallskrek i hans öra:

— Morfar får en päls!

Den gamles haka sjönk, han stirrade några ögonblick andlös framför sig och den vackra skära färgen på hans kinder övergick i blodrött. Överste Brenner betraktade honom med kärleksfull blick och fortsatte:

— Se! Se! Gubben rodnar av glädje. Ni däremot, mina fränder, se betryckta ut. Tänker ni på priset? Det är högt. Vem ska betala? Vi? Uteslutet. Räkningen skickas till svärfar.

— Alldeles riktigt, bekräftade häradshövdingen. Rätt och vist blir rättvist. Far får mer glädje av pälsen än vi — alltså bör han betala.

Barnet i soffan stod alltjämt på knä med armarna om gubbens hals. Hon skrek i hans öra:

— Morfar får betala! Gumman bredvid honom strök honom över kinden och sa:

1. *Åh kära, söta nån, då!* Dear me!

— Kära, söta nån då!

Gubbens ögon flackade oroligt av och an, så pustade han ut och mumlade:

— Låt barnen komma med böckerna.

En viss spänning hade rått, den lättades plötsligt. De först tysta grupperna började viska sins emellan, skratta och fnissa. Dörrarna till salen slogos upp och in tågade barnbarnen, dussinet fullt. Var och en höll i ena handen ett större eller mindre paket, i den andra en sparbanksbok. De tågade ordnade efter ålder — som varierade mellan fem och aderton år — förbi den gamle, framsade var och en samma lyckönskan samt räckte honom paketet i det de kysste honom än på kinden, än på pannan. Gubben tackade fryntligt och stoppade samtidigt en sedel i varje bankbok. Barnbarnen avtroppade i god ordning undantagandes äldste sonsonen som stannade i salongen hållande ett stort paket i famnen. På detta paket sneglade gubben ängsligt och misstänksamt, han rev sig i polisongerna, krystade fram ett ängsligt leende och utbrast:

— Jaha, mina kära! Det är mig en glädje att placera ett litet kapital på barnbarnens böcker. Det lär dem sparsamhet! Sparsamhet! Och nu, kära barn, talar vi inte vidare om pälsen!

Då flinade äldste sonsonen brett och soligt, sa:

— Jo, det gör vi visst, farfar lille, för här är den och håll till godo. — Så sa han och la paketet i gubbens knä. Den gamle sköt det ifrån sig, pojken stack det åter i hans händer. Tösen skrek:

— Morfar får själv betala! Morfar får själv betala! Och hon hoppade ned på golvet och dansade solo en glädjedans med armarna lyftade över huvudet. Äntligen beslöt sig gubben för att öppna paketet. Motvillig, vresig, vredgad. Barnens spänning steg åter. De reste sig, nalkades på tå med framsträckta huvuden. Pälsen kom så småningom i dagen, mödosamt framplockad av de skälvande gubbhänderna. Lisa-Brita trodde sig förstå att det icke var någon lyxpäls, ehuruväl präktig och snygg. Gubben tycktes även han uppskatta dess enkla gedigenhet. Vreden slocknade, vresigheten försvann. Han började mysa så smått. Hans blick gled plirande och leende över givarnas förväntansfulla ansikten. Han gnuggade händerna. Han sa:

— Nåja, nåja, jag ska ta saken med ro! Ni skälmar! Ni hycklare! Varför skulle Ni skrämma mig? Nåja, jag ska ta saken med ro! Jag ska betala. Jag kan placera mina fattiga styvrar sämre än så. Det är en präktig päls, en skön päls. Och vi ha ju bara en arvtant i släkten. Vi kan ha råd att kosta på henne ett och annat.

Han föll i fnitter, han slöt Jacobina den äldsta i famn och de båda gamla fnittrade och kvittrade, näsa mot näsa. Alla barnen fnittrade och kvittrade, pojken flinade, Lill-Jacobina utförde nya turer på tåspetsarna:

— Faster Wretman får en päls!

Äntligen fattade utbölingen, Lisa-Brita Ingenting, den Schramska galoppen. Pälsen var en dampäls, ett offer på arvtantens altare! En penningplacering, en lott med stora vinstchanser. Pastor Andreas drog henne intill sig och viskade:

— Det gläder mig, att du får se din blivande släkt i sin prydno. Se, hur de glädja sig, dessa beskedliga människor! Varå? De glädja sig åt det osjälviska nöjet att ge faster Wretman en präktig gåva. Är det inte vackert? — Lisa-Brita högg i luften med sina skarpa ekorrtänder. Hon sa:

— Det är vidrigt! — Pastor Andreas riste betänksamt sin yviga, gullgula kalufs, sänkte blicken och mumlade:

— Du förstår oss inte. Du saknar släktkänsla, stackars hittebarn. Du har ingen arvtant. Men vänta tills du får se henne. Du kommer att beundra oss mer än någonsin. —

Arvtanten anlände. Det Schramska ekipaget hämtade henne vid stationen. Den Schramska familjen tog emot henne, dels på gatan, dels i trappan, dels i förstugan, dels i salongen. Man slog snö från hennes kappa, lyfte av henne hatten, befriade henne från kappor och schalar, muddar och bröstvärmare,

damasker och bottiner. Till sist återstod en helt liten hoptorkad
gumma med livliga, skarpa ögon, ett gulnat litet ansikte, en
nästan tandlös mun med gredelina läppar. Farfar kysste henne
på ena kinden, farmor på den andra, barnen togo i famn och
barnbarnen i ring. Lisa-Brita såg och förstod att hela denna
ceremoni måste vara noggrant instuderad. Till sist dansade
Lill-Jacobina en solodans med armarna lyftade över huvudet
och hon ropade:

— Nu är faster Wretman här, hurra!

Men Lisa-Brita sa till sin fästman:

— Det är rörande! Det är uppbyggligt! Åh, fy så vidrigt!

Faster Wretman åter tog hyllningen som en naturlig sak och
en ringa gärd av aktning och kärlek. Hennes små ögon glittrade
likvisst ondskefullt och misstänksamt, blicken ilade hit och dit,
stack än den ena, än den andra. Den som fick blicken, hajade
först till och rodnade men samlade snart sitt mod, log och
hasplade fram några blida och kärvänliga ord. Lisa-Brita
tänkte:

— Så sliskiga kan endast hundar vara, som tigga socker, och
människor, som hoppas på ett arv. — Pastor Andreas tog
henne om livet och viskade:

— Kom ihåg, lilla Ingenting, att du är så god och ser söt och
vänlig ut, vad som än dig händer. Jag fruktar, att faster Wret-
man är väl och omsorgsfullt laddad. Vi herrar ha det jämförel-
sevis bra ställt.

Vi förskansa oss i rökrummet och med ett par av de äldsta
pojkarna till hjälp lyckas vi göra det obeboeligt. Visserligen är
vi själva inga starka rökare, men det är i alla fall bättre så,
lugnare och mindre påfrestande. Våra hustrur och systrar äro
däremot fullständigt försvarslösa. Samla därför dina krafter,
Lisa-Brita, bered dig på det värsta. Och stupar du, så stupa
leende. — Lisa-Brita svarade:

— Jag tänker inte gå era ärenden. Gummans elakheter
skrämma mig inte men ert hyckleri äcklar mig. Jag stannar på
mitt rum. Du får uppge vad orsak du vill, hycklare!

— Nu tackar Gud allt folk,[2] mumlade prästen, återvände till de sina och sa:

— Faran är avlägsnad. Lisa-Brita stannar på sitt rum.

Satt så Lisa-Brita på sitt rum i runda tre timmar. Maten bars in till henne och hon åt och drack med god aptit. Likvisst kände hon sig bitter och sorgmodig. Hon sa till sig själv: Att de andra äro skrymtare och narrar kan just göra detsamma! Men min Andreas! Det hade jag inte trott. Visst har jag ibland tyckt mig märka en smula list och förslagenhet hos gossen. Jag, min dumbom, tog det för skämt och gyckel. Jag höll nästan mera av honom för den sakens skull. Vad min bängel till pastor är — men inte skrymtare och skenhelig. Tänkte jag. Och nu finner jag raka motsatsen.

Hon bet ihop ekorrtänderna och slöt ögonen till smala springor och önskade rätt innerligt att pastor Andreas läst i hennes ansikte, anat vreden i hennes hjärta och föraktet i hennes tankar. Men eftersom han inte fanns i närheten, lade hon tills vidare vrede och förakt åt sidan och började sakteligen snyfta, förvissad om att hennes kärlek ren vissnat och hennes känslor skövlats. Bäst vad det var öppnades dörren hastigt och pastorn steg in. Som han tänt takljuset, utbrast han:

— Hon gråter!

Lisa-Brita torkade hastigt ögonen och genmälde förtrytsamt:

— Skulle aldrig falla mig in!

Han lyfte upp henne från stolen och granskade hennes ansikte. Han sa:

— Det förvånar mig inte. Barn, som sitta i skamvrån, plär gråta, och vad fröken Ingenting tar sig till, betyder just ingenting. Men när släktens enda arvtant gråter och inte vill tröstas, då skälver hela släkten. Det kom mycket överraskande. Till en början gick allting, som sig borde. Faster sa oss de elakheter, hon brukar säga plus några nyheter för säsongen. Det hade vi väntat och skötte oss rätt bra. Kom så pälsen. Den måste ha

2. *Nu tackar Gud allt folk* (from a Swedish hymn), Now all people thank the Lord.

varit ett missgrepp. En päls är ju värdefull men kanske hade hon väntat något ännu värdefullare på fars sjuttioårsdag. Jag såg att hon mulnade. Hon sa:

— När girigbuken mister förståndet, ska den fattige hålla sig framme. Vi trodde att det var en tacksägelse och kände oss glada och rörda. Hon brukar nämligen inte tacka. Far hörde naturligtvis inte, vad hon sa, och eftersom Jacobina inte fanns i närheten, föll det sig så att vi allesamman på en gång ropade ut hennes ord i korus. Det lät ju lustigt, vi brusto i skratt och allra mest skrattade far. Då reste hon sig från bordet och gick in i salongen. Där sitter hon nu och gråter. Ingen av oss får komma in till henne men besynnerligt nog vill hon tala med dig. Det oroar oss alldenstund vi inte litar på ditt förstånd och omdöme. I alla fall måste du gå in till henne och hör nu på, så ska jag lära dig ord för ord vad du har att säga —

Det trodde han! Hon sa:

— Inte blir det du, som lär mig vad jag ska säga — du hycklare! Hon rätade upp sin lilla gestalt och skred med en sirlig och högförnäm dockas hållning genom salen, där den bestörta familjen tyst trippade av och an på tå, lyssnande till snyftningarna i salongen. Hon steg in i dess halvmörker. Gatans lyktsken trängde blåvitt genom fönstrens iskristaller. Vid mellanfönstret satt gumman, väl insvept i dess tjocka gardin. Lisa-Brita plockade fram henne och vände henne mot rutornas is-fyrverkeri. Gumman blev just inte vackrare för det. Spets-mössan satt på sned, bröstfräset hängde tillskrynklat som en blöt trasa. Ansiktet var vått och ögonen, små, gulgröna stirrade stelt och dumt som en hönas ögon. Lisa-Brita torkade det gula, vissnade ansiktet och sa:

— Här sitter faster i sin ensamhet och gråter. Varför det då?

Gumman muttrade vresigt:

— Jag gråter inte, jag grunnar. Inte heller är jag ensam heller eftersom hela släkten är i rummet bredvid. Och jag hör nog, hur de tassar och tisslar.[3] Men jag vill inte tala med dem. De skulle bara tro att jag fjäskade och så skulle de väl bli högfärdigare än

3. *tassa och tissla*, the common phrase is *tassla och tissla*, tittle-tattle.

de redan är. Då talar jag hellre med dig, som är hittebarn och lever av barmhärtiga människors nåd. För du kan väl inte vara högfärdig, din stackare.

Så sa hon och gav Lisa-Brita en högdragen blick. Flickan tänkte:

— Låta bli att vara elak, det kan du inte, gumskrotta! Men jag ska lära dig åtskilligt. — Högt sa hon:

— Va grunnar faster på? — De smala läpparna klippte och klippte som käften på en strandad gammelgädda. Till sist kom svaret:

— Jag grunnar på att jag ska vara så elak.[4] Jag är den enda elaka människan här i släkten. Det är ingen rättvisa i det. Si på de andra! Si på gubben och gumman, barnen och barnbarnen! De är som guss[5] änglar! Bredvid mig förstås. De gav mig en päls. En go, varm, mjuk päls. Jag tänkte säga tack, men det gick inte. Varför ge de en fin päls åt en käring? Och varför ska jag vara elak? Varför ska jag vara sämre än de andra? Varför ska jag vara allra sämst? Det är ingen rättvisa i det.

— Nu är min stund kommen, tänkte Lisa-Brita, och det må bära eller brista! Nog är du elak, din skrotta, men det är bättre än att vara falsk! — så tänkte hon och sa:

— Hör nu på vad jag tycker! Faster borde hålla sig för god att ta emot deras pälsar och andra härligheter. Faster behöver dem inte. Faster borde hålla sig på sin kant. Gåvor är nog bra om de ges med gott hjärta. Men är faster säker på att de ges med gott hjärta? Det finns folk som ger tu för att få sju. Det är nu min erfarenhet av livet.

Det sa hon och satte näsan i vädret, ty det är icke allom givet att genomskåda hyckleriet och avslöja lismare och arvfriare. Gumman åter tycktes rätt förbryllad och tog sig en funderare. Plötsligt började de gula, stirrande små ögonen rulla som fågelögon, de kikade hit, de kikade dit och den gamla ugglan kläppte med näbbet. Hon sa:

— Vad menar du med det, din tossa? Skulle jag inte ta emot

4. *att jag ska vara så elak*, that I should happen to be so mean.
5. *guss*, Guds.

gåvor av min egen släkt? Hålla mig på min kant! Ska jag inte
komma hit? Och hälsa på någon gång? Det är ju den enda
glädje jag kan göra dem. Ser du inte, hur väl de vill mig och hur
glada de bli, när jag kommer? Va menar du då, din gås? Ska
jag visa mig otacksam? Det kan passa dig, nippertippa! Dina
stackars fosterföräldrar bli nog tackade på ett konstigt sätt, du
hoppetossa! De ha tagit hin i båten, som man säger. Så du kan
sätta din näsa i vädret, du behöver inte krusa. Men jag får allt
ta sken[6] i vackra hand. Jag är gammal och fattig, jag. Och det
kan vara en tröst i det ock, för så vet jag att de hålla av mig för
min egen skull. Men pass mante! nog måste jag visa mig
tacksam och ödmjuk och älskvärd. Annars kunde de tröttna på
kärringen. Och hur skulle det sen gå? Räkna ut det, du höns-
hjärna! Vem skulle betala min hyra? Vem skulle ge mig pengar
till mat och kläder och bränne? Du kanske? Nej, det bleve
fattighuset, det, om inte Schramen hölle sin hand över mig.
Men det gnaver mig i hjärtat att jag ingenting kan ge igen. Det
gnaver mig så att jag måste visa tänderna. Eljes bleve jag dum
och fånig. Men nog gnaver det mig i hjärtat, att jag ska vara så
elak. En tycker att jag kunde vara fattig nog ändå.

Så sa hon, strök Lisa-Brita över kinden och gick att söka sitt
sovrum. Vid tröskeln vände hon, gick tillbaka till flickan,
böjde sig fram och viskade:

— Ett ska du veta, snippertippa, att inte tänker jag ge
tillbaka den goa, varma, mjuka pälsen. En blir frusen med åren,
fast det begriper inte du, jäntslänga. Nog tänker jag tacka, jag
hade det redan på tungspetsen. Men si att fjäska rikt folk har
aldrig varit min sed. Nu är det sagt i alla fall. Och nog kan jag
trösta på att du för det vidare, din slabbertacka! — Så sa hon
och gick.

Lisa-Brita åter uppsökte sin fästman, trängde honom in i en
vrå från vilken ingen undanflykt gavs och ställde honom till
ansvars sägande:

6. *sken*, colloq. for *skeden*.

— Innan jag ger tillbaka ringen och slår upp förlovningen, vill jag veta, varför du ljugit för mig?

Pastor Andreas rynkade pannan och svarade:

— Skräd dina ord, när du talar till en präst. Jag har sagt, att faster Wretman är vår enda arvtant och det är så sant som det är sagt. Och inte kan vi stackars Schramar hjälpa att vår enda arvtant är fattig som en kyrkråtta. Tala därför artigt, min unge, och tänk på vad du säger.

Nu lade Lisa-Brita, sträckande sig på tårna, armen kring hans hals och yttrade med skärpa:

— Du är en hycklare!

— Det stämmer, medgav prästen belåten.

— Och en gycklare! fortsatte flickan.

— Det stämmer på pricken! sa prästen, fortsatte:

— Vad jag redan sagt dig, det säger jag än en gång: Vi Schramar äro hycklare och gycklare, intriganter och kabalmakare. Men den gode Guden har desslikes gjort oss till hederligt folk och därmed har han försatt oss i en svår knipa. Ty varken kunna vi hyckla oss till fördelar, ej heller gyckla oss från plikter. Därför har faster Wretman med sitt svåra lynne varit oss till stor hugsvalelse och vi ha övat våra konster på henne i åratal för att inte ligga av oss i konsten. Men gumman börjar bli gammal. Jag antar att vi snart måste pensionera henne. Men jag tänkte: Vi måste finna en ny tant Wretman, en flicka som kan ställas på tillväxt så till sägandes. Hon kan gärna se lite bättre ut än faster Wretman bara hon har hennes hetsiga lynne och ilskna sinnelag. Vad begåvningen beträffar, bör den icke vara särdeles glänsande, en smula trög i fattningen och enfaldig i begripningen kan hon också vara. Fast inte dum! Nej, inte dum, ty det skulle minska spänningen. Och jag drog ut i världen och letade och länge hade jag inte letat förrän jag fann just den rätta — fröken Lisa-Brita Ingenting.

Så långt hunnen gjorde han ett snabbt försök att fly ty icke utan orsak fruktade han obehag. Förgäves. Den uppretade flickan hängde fast vid honom som ett rovdjur vid sitt byte.

Hennes ögon tindrade av vrede, hennes krökta fingrar begrovos i hans yviga kalufs, hennes tänder, skarpa som en ekorres, blottades. Snabbt riktade hon ett bett mot hans underläpp som sköt ut på ett föraktfullt och retsamt sätt. Men han var snabbare än hon, och ehuru det, som inträffade, onekligen liknade ett bett, var det i själva verket någonting helt, helt annat.

Ur *Noveller* (1921–30)

FLICKAN UNDER NYMÅNEN

Av Bo Bergman

For a biographical note on Bo Bergman, see p. 19.

Jag har nigit för nymånens skära.
Tre ting har jag önskat mig tyst.
Det första är du
och det tredje är du, min kära.
Och det andra är du
men ingen får veta ett knyst.
Jag har nigit för nymånens skära
tre gånger till jorden nu.

Och om månen kan ge vad vi önska,
så niger jag tre gånger till,
och krona jag bär,
när marken sig klär
och björkarna gunga av grönska
och lärkorna spela sin drill.
Det är långsamt att önska och önska.
O, vore min kära här!

Lyft nu upp honom, stormmoln, på vingen
och tag honom, våg, på din rygg.
Han är ung som jag,
han är varm som jag,
han är härlig och stark som ingen,
och säll skall jag sova och trygg
i hans armar en gång under vingen
av natten, tills natt blir dag.

Ur *Livets ögon* (1922)

Ur KALLOCAIN
Roman från 2000-talet

Av Karin Boye

KARIN BOYE (1900–1941) has been called Sweden's foremost woman poet of this century. Her production also includes several novels. Kallocain, which was published in 1940 and based on contemporary political events in Europe, gives a horrifying vision of life in a completely totalitarian state where the individual is reduced to a simple cog.

Vid den tid då min berättelse börjar närmade jag mig de fyrti. Om jag för övrigt bör presentera mig, kan jag kanske tala om under vilken bild jag tänkte mig livet. Det finns få saker som säger mer om en människa än hennes bild av livet: om hon ser det som en väg, ett fältslag, ett växande träd eller ett rullande hav. För min del såg jag det med en snäll skolgosses ögon som en trappa, där man skyndade från avsats till avsats så fort man kunde, med flämtande andetag och medtävlaren i hälarna. I själva verket hade jag inte många medtävlare. De flesta av mina arbetskamrater på laboratoriet hade förlagt hela sin ärelystnad till det militära och ansåg dagens arbete som ett tråkigt men nödvändigt avbrott i kvällarnas militärtjänstgöring. Själv skulle jag väl knappast velat tillstå för någon av dem, hur mycket mer intresserad jag var av min kemi än av min militärtjänst, fast jag visst inte var någon dålig soldat. I alla fall jagade jag fram i min trappa. Hur många trappsteg man egentligen hade att lägga bakom sig, hade jag aldrig funderat över, inte heller vad det månde finnas för härligheter på vinden. Kanske jag dimmigt föreställde mig livets hus som ett av våra vanliga stadshus, där man steg upp ur jordens innandömen och till sist kom ut på takterrassen, i fria luften, i vind och dagsljus. Vad vinden och dagsljuset skulle motsvaras av i min livsvandring, hade jag inte klart för mig. Men säkert var, att varje ny trappavsats betecknades av korta officiella meddelanden från högre ort: om en genomgången examen, ett godkänt prov, en förflyttning till ett mera betydande verksamhetsfält. Jag hade också en hel rad sådana livsviktiga slut- och begynnelsepunkter bakom mig, dock inte så många att en ny skulle blekna i betydelse. Det var därför med ett stänk av feber i blodet jag kom tillbaka från det korta telefonsamtal, som meddelade att jag kunde vänta min kontrollchef dagen därpå och alltså fick börja experimentera med mänsklig materiel. I morgon således kom det slutliga eldprovet för min hittills största uppfinning.

— — —

— Är det ogrannlaga att fråga vad det är för ett experiment? frågade hembiträdet.

Hon hade ju en självklar rätt att fråga, på sätt och vis var hon ju där för att hålla reda på vad som försiggick inom familjen. Och jag kunde inte inse, vad som kunde förvrängas och användas emot mig, inte heller hur det skulle kunna skada Staten, ifall ryktet om min uppfinning spreds i förväg.

— Det är något jag hoppas Staten kommer att få nytta av, sade jag. Ett medel, som får vilken människa som helst att blotta sina hemligheter, just allt sådant som hon förut har tvingat sig att tiga med, av skam eller rädsla. Är ni härifrån staden, medsoldat hembiträde?

Det hände ju då och då, att man stötte på folk som hämtats från annat håll i tider av folkbrist och som därför inte hade Kemistädernas allmänbildning annat än i den mån de lyckats snappa upp en smula vid vuxen ålder.

— Nej, sade hon och rodnade, jag är utifrån.

Närmare förklaringar om varifrån man kom var strängt förbjudna, eftersom de kunde utnyttjas i spionagets tjänst. Det var naturligtvis därför hon rodnat.

— Då ska jag inte närmare ingå på den kemiska sammansättningen eller tillverkningen, sade jag. Det ska man kanske undvika ändå för resten, ämnet får ju under inga omständigheter komma i enskilda händer. Men ni har kanske hört talas om hur alkohol förr användes som rusmedel och vilka verkningar det hade?

— Ja, sade hon, jag vet att det gjorde hemmen olyckliga, förstörde hälsan och i värsta fall ledde till skälvningar i hela kroppen och hallucinationer av vita möss, höns och dylikt.

Jag kände igen de helt elementära läroböckernas ord och smålog. Hon hade tydligen inte hunnit lägga sig till med Kemistädernas allmänbildning.

— Alldeles riktigt, sade jag, så var det i värsta fall. Men innan det gick så långt, hände det ofta, att de berusade pratade bredvid munnen, förrådde hemligheter och begick oförsiktiga handlingar, därför att deras förmåga av skam och rädsla var rubbad. Det är de verkningarna mitt medel har — tänker jag mig, eftersom jag inte har prövat färdigt än. Men det är den skillnaden, att det inte sväljs, utan sprutas direkt in i blodet, och för resten har det en helt annan sammansättning. De otrevliga efterverkningarna som ni nämnde saknar det också — åtminstone behöver man inte ge så starka doser. En lätt huvudvärk är allt försökspersonen märker efteråt, och det händer inte, som det ibland hände med alkoholberusade, att man efteråt glömmer vad man har sagt. — Ni förstår nog, att det är en viktig uppfinning. Hädanefter kan ingen brottsling neka till sanningen. Inte ens våra innersta tankar är våra egna längre — som vi så länge har trott, med orätt.

— Med orätt?

— Ja visst, med orätt. Ur tankar och känslor föds ord och handlingar. Hur skulle tankar och känslor då kunna vara den enskildes ensak? Tillhör inte hela medsoldaten Staten? Vem skulle då hans tankar och känslor tillhöra, om inte Staten, de också? Hittills har det bara inte varit möjligt att kontrollera dem — men nu är alltså medlet funnet.

Hon gav mig en hastig blick, men sänkte den genast. Inte en

min förändrade hon, men jag fick ett intryck av att hennes färg sjönk.

— Inte har ni något att vara rädd för, medsoldat, uppmuntrade jag henne. Inte är det meningen att blotta alla enskildas små förälskelser eller antipatier. Om min uppfinning råkade i enskilda händer—ja, då kunde man lätt föreställa sig vilket kaos som skulle uppstå! Men det får naturligtvis inte hända. Medlet ska tjäna vår trygghet, allas vår trygghet, Statens trygghet.

DÖD AMAZON

Av Hjalmar Gullberg

HJALMAR GULLBERG (*1898–1961*) *is a poet, particularly known for his virtuosic ability to merge disparate elements in his verse, in respect to both style and content. The poem* Död amazon (*Dead Amazon*), *written at Karin Boye's death (through suicide), offers a good example of his skillful art.*

Svärd som fäktar mot övermakten,
du skall brytas och sönderslås!
Starka trupper har enligt T.T.[1]
nått Thermopyle,[2] Greklands lås.
Fyrtiåriga Karin Boye
efterlyses från Alingsås.[3]

Mycket mörk och med stora ögon,
klädd i resdräkt, när hon försvann.
Kanske söker hon bortom sekler,
dit en spårhund ej vägen fann,
frihetspasset där Spartas hjältar
valde döden till sista man.

Ej har Nike[4] med segerkransen
krönt vid flöjtspel och harposlag

1. *T.T.*, abbreviation for *Tidningarnas Telegrambyrå*, the Swedish Central News Agency.
2. *Thermopyle*, a narrow pass in eastern Greece, famous for the heroic defense made by the Spartan king Leonidas with a few hundred soldiers against the Persian army of Xerxes in 480 B.C.
3. *Alingsås*, town in the province of Västergötland.
4. *Nike*, Greek goddess of victory.

perserkonungen, jordens gissel.
Glömd förvittrar hans sarkofag.
Hyllningskören skall evigt handla
om Leonidas' nederlag.

För Thermopyle i vårt hjärta
måste några ge livet än.
Denna dag stiger ner till Hades,
följd av stolta hellenska män,
mycket mörk och med stora ögon
deras syster och döda vän.

Ur *Fem kornbröd och två fiskar* (1942)

VÄSTFRONTEN

Av Jan Olof Olsson

JAN OLOF OLSSON (pen name, Jolo) *(1920–), member of the staff of the daily* Dagens Nyheter, *has not only distinguished himself as an original and witty columnist, but also gained recognition as a writer of travel books* (Chicago, Onkel Sams stuga, Vilda Västern, *etc.). He has also written extensively about the history of the twentieth century, especially about the two World Wars.*

Landsvägen var lång och ödslig. Den gick i en rak linje. Jag såg inga träd längre. Avbrotten hade redan blivit monotona: det var skyltarna med en målning av en sladdande bil och varningen för att slira på sockerbetor.

Varje stad och by mötte för ögonen på samma sätt: en infart mellan några villor bakom risiga häckar, ett oförmodat spårvagnsspår i den gropiga stenläggningen, skyltar som förde mig i två tvära vinklar längs stans utkant, alltid över en kanal. Det var samma kanal som jag for över oupphörligt.

Männen på de tomma skramlande sockerbetsvagnarna bar stora, spetsiga trätofflor. På byarnas tegelmurar satt Dubonnet-[1] affischer, vilset kontinentala och mondäna i detta bondland. Kvinnorna bar långa svarta klänningar, svarta yllestrumpor och blommiga tofflor. Håret var stramt tillbakadraget över huvudet i en valkig knöl.

Den natten hade jag legat i S:t Quentin. Matsedeln till supén antydde att jag nalkades Tyskland: det var korv, schnitzlar och kål och inte särskilt gott.

Just när jag domnade undan i den stora sängen ryckte jag till

1. *Dubonnet,* a product from the French winery Dubonnet.

i en klar tanke som jag sökt hela dagen. Jag förstod plötsligt varför jag tyckt att jag kände igen torget i S:t Quentin, dess 1500-talsfasader, kullersten och spårvagnsspåren, varför jag tyckte jag sett de svartklädda bondkvinnorna längs vägarna förut och de disiga, oändliga slätterna.

Jag gick fram till fönstret och såg det nattliga torget och kom ihåg: jag kände igen alltsammans från gamla Hvar 8 Dag[2] och från de dystra tidningarna sommaren 1940.

Dessa trädlösa fält, vägarna som svann bort i horisontlinjen och de grådisiga städerna i kanalernas dimmor var slagfält — krigsterränger, scener för världskrig, världsbränder, slaktningar.

Någon sommar på 1920-talet låg jag under plåttaket på en het vind och bläddrade skräckslaget förhäxad i Hvar 8 Dag från det första världskriget. Tyska trupper rastade på torget i det erövrade S:t Quentin. Franska förstärkningar gick mot fronten på en väg i Artois. En engelsk artillerikolonn drog fram på en väg i Flandern.

Alla människor och handböcker hade sagt att jag snabbt borde åka genom Nordfrankrike och försvinna därifrån. Men den sommaren på den heta vinden hade ortsnamnen fastnat. De kom tillbaka på ett norrländskt marketenteri i maj 1940 när jag läste tidningarna om Frankrikes fall. Nu var jag här.

På morgonen vände jag inte norrut mot belgiska matbord utan for åt nordost, från det stora torget i S:t Quentin, famlade i terrängen, över åsarna och slätterna och såg sockeln till ett avslaget, granatskadat minnesmärke över en skärmytsling 1871. När hade det skadats? 1914–1918? 1940? 1944? Det fanns två krig att välja på.

I den skymmande dagen kom jag till Béthune och körde mellan trånga murar norr ut till en höjd ovanför stan. Jag gick in på en kyrkogård. I hörnet fanns en avdelning med likformade vita kors. Där låg engelsmän. Några kors var fräschare. De som låg under dem hade fallit i det senaste kriget. De flesta och mest väderbitna korsen var från det första.

2. *Hvar 8 Dag* (Every 8th Day), Swedish weekly (1899–1933).

Jag gick en lerig promenad över åkrarna medan mörkret kom. På en stolpe vid en grind in till en bondgård hängde en holk för fågelmat. Det var en upp- och nedvänd flat, engelsk stålhjälm. De brittiska hjälmarna såg likadana ut i båda krigen. Antagligen hade han stupat — eller tappat hjälmen — i det andra världskriget. Men fågelholken kunde också ha suttit där sedan det första. Jag stod länge och stirrade på den, i vetskapen att jag promenerade längs världens västfront.

Jag körde vidare på nordfranska byvägar, inte så mycket mellan orter som mellan ortsnamn. Jag orkade aldrig göra klart om det var ett makabert intresse för alla krigen som dragit fram över Nordfrankrike som drev mig till sysselsättningen; eller om det var ett naturligt intresse hos en människa, född 1920, som trors varning och förbud 1931 i en tobaksaffär på Tomtebogatan inköpte "På västfronten intet nytt,"[3] med fältbordell och allt: en neutral man ur mellankrigsgenerationen sökte det första världskriget.

Béthune, La Bassée, Festubert, Givenchy, Loos, Thiepvalskogen ... Efter Remarques "Intet nytt" läste jag engelsmännens frontskildringar, Robert Graves, Edmund Blundens, Siegfried Sassoons; lika skräckslaget fängslad. Dessa grå, dystra, nordfranska städer, sockerbetsfälten och vägarnas vemod var fronten, den obegripliga västfronten. Namnen fastnade i pojkårsläsningen. Sommaren 1940 läste jag samma namn igen, när Frankrike föll. Men då slogs de vid varje by bara fyra timmar i stället för fyra år.

När jag läste alla frontböckerna hade jag alltid en naiv statistisk tanke: hur många dagar gick förlorade för framtiden i det stora kriget? Jag måste ha sett någon uträkning från någon strejk eller epidemi från 1930-talet, för jag grep papper och penna för att komma till rätta med detta. Om så och så många stupade när de var så unga, hur många dagar gick bort ur livet som helhet, dagar som de skulle levt?

3. *På västfronten intet nytt* (All Quiet on the Western Front), novel about the First World War by the German author Erich Maria Remarque. Published in 1927, it scored a tremendous success.

I byarna såg jag ofta minnesmärken över stupade i fransk-tyska kriget 1870–71. Hade jag varit noggrann kunde jag hittat minnesmärken från Napoleonkrigen, från Marlboroughs[4] krig, från hugenottkrigen.[5] Nordfrankrike med tegelbyarna, socker-betsfältens ve, den höga blåsten över åkrarna, är krigens kökkenmödding.[6] Minnen, stupade och rostiga vapen ligger i varvtal i jorden sedan trehundra år.

Åtskilliga dagar gick förlorade här ur livet.

Kullarna och fälten under den kalla vinden är världens mest innehållsrika slagfält. 1914–18 blev de ett städ att hamra sönder och döda några generationer på.

Jag hade redan lärt att skilja på gravfälten, de från 1914–18, från 1940 och från 1944. Det var enkelt. De första var så mycket större. Jag körde i en båge ut från Peronne, upp mot höjderna längs floden Scarpe. Platserna heter Fricourt, Con-talmaison, Guinchy. Här, i leran i en löpgrav genom en åker, skrev skalden Siegfried Sassoon:

"... vi är medborgare i dödens grå land ..."

Jag stod och tittade på sockerbetsfälten där skyttegravarna gick fram. Fältmarskalken Haig skrev i sin dagbok, samtidigt som hans underlydande Sassoon, på Sommeoffensivens andra dag:

"... sedan i går har vi förlorat 40 000 man. Det kan inte anses så farligt ..."

På eftermiddagen kom jag förbi Loos: en lång, sugande slänt där hundratusental dog under de fyra åren. Överst, innanför vita murar, låg en kyrkogård, kanske för 6 000. Många var okända. I en nisch fanns en bok för besökare. En hade skrivit samma dag jag kom:

4. *Marlborough*, English general who defeated the French at Blenheim in 1704.

5. *Huguenot*, a French Protestant of the sixteenth and seventeenth centuries. The Huguenots suffered persecution during the religious wars of that period (*hugenottkrigen*).

6. *kökkenmödding* (kitchen-midden), a Danish word used as an archaeo-logical term for refuse heaps from the Stone Age.

Jag var här senast på kvällen den 10 oktober 1916.

Vimyåsen kom jag till efter spaningar mot Arras och Lens. Det är en vindsvept kulle över åkerfälten, beväxt med buskar och strävt gräs. Under sista kriget körde 1940 tyskarnas tanks snabbt söder ut över åsen, och de allierades lite snabbare norr ut 1944. 1914–1918 låg de stridande fastlåsta mitt uppe från december 1914 till maj 1918 utan att nånsin flytta på linjerna. Löpgravarna är bevarade. På sina ställen ligger de tjugo meter från varandra.

En gammal herre i fransk baskermössa och krigsmedaljer gick omkring och vårdade det monument som de gamla kanadensiska skyttegravarna upphöjts eller förvandlats till. Han hade en kioskliknande barack där han höll till. Jag var den enda människa som kom till honom i blåsten den dagen, och antagligen hade ingen varit hos honom på länge. Han kvaddade en cigarett bredvid ett vinglas och rusade mig till mötes och tog mig ned i underjorden.

Han berättade att han varit med vid Verdun[7] — tre månader, sade han, *tre* månader, sade han igen och spärrade upp tre fingrar. Alltså: att klara sig upprätt där tre månader 1916 var avgjort ett underverk, värt att leva på resten av livet.

Vi gick allt längre och längre ned i den snillrika kanadensiska löpgraven. Han pekade ut förbandsstationen och brigad-generalens rostiga järnsäng. Här och var i gångarna låg söndervittrade gevärspipor. En hade en patron kvar i patron-läget: det verkade lite gjort och turistigt. Hela anläggningen påminde om en monter med en löpgravsscen i vax i naturlig storlek som jag en gång sett på Imperiets krigsmuseum i södra London. Den gick ut på att framställa skyttegraven som ganska gemytlig och trivsam, med en piprökande officer vid ett bord där ett stearinljus lyste i en champagneflaska. "Männen vid fronten" och alla möjliga andra krigspjäser avsåg givetvis att framställa krigets förbannelse, men skyttegravsrummen inreddes alltid i den småpiffiga champagnestilen.

7. *Verdun*, a French fortress.

Min guide beskrev hur motståndarna grävde gångar för att lägga bomber under varandra. Et puis — boom, sade han och slog ut med händerna och skrattade hjärtligt. När jag lämnade honom återgick han till sitt skjul för att vänta på nästa förryckta person som ville beskåda detta groteska minnesmärke. Jag gjorde ett experiment innan jag lämnade Vimyåsen. Jag ställde mig hos kanadensarna, slog en gummisnodd om min nyfyllda och ganska tunga tobakspung och singlade den över ingen mans land. Jag gick sedan ut för att se hur långt den kommit. Den låg alldeles bakom den tyska löpgraven. Här låg människor i tre och ett halvt år mittemot varandra med kulsprutor och gevär. Vimy är ett effektivt monument över krigets vanvett.

Ur *Lösnummer* (1959)

DEN VACKRASTE VISAN

Av Ture Nerman

TURE NERMAN (1886–), poet, editor, and prominent socialist member of the Swedish Riksdag. Dominating in his production are two kinds of poetry: love poems and those devoted to social and political problems.

Den vackraste visan om kärleken
kom aldrig på pränt.
Den blev kvar i en dröm på Montmartre
hos en fattig Parisstudent.

Den skulle ha lyst över länderna
och tvingat en vår på knä
och en värld skulle tryckt till sitt hjärta
en ny Musset.[1]

Han skulle ha vandrat vid kajerna
med en blek liten blåögd Lucille
och diktat violer och kyssar
nu en natt i april.

Den vackraste visan om kärleken
kom aldrig på pränt.
Den begrovs i en massgrav i Flandern[2]
med en fattig Parisstudent.

Ur *Samlad vers* (1922)

1. *Alfred de Musset* (1810–57), French poet.
2. *Flandern*, Flanders.

102

Ur HERRE, VAR ÄR DU?

Av Olle Hedberg

OLLE HEDBERG (1899–) is Sweden's most prolific novelist, having published one novel every year since his debut in 1930. In spite of this amazing productivity, he has been able to maintain a high level of literary craftsmanship. A recurring theme in Hedberg's novels is the merciless unmasking of the hypocrisy of a self-complacent bourgeoisie. The novel Herre, var är Du? *(Lord, Where Art Thou?) illustrates another favorite theme: the search for moral and religious values.*

Första Kapitlet

Då solen sjunker och luften svalkas älskar Herran Gud att vandra i sin lustgård. Ofta låter han solen stanna för att det behagliga ögonblicket ska få förbliva. För honom är detta inte svårare än att stanna pendeln på en klocka, och han kan tillåta sig såna extravaganser därför att alltsammans är nytt och ännu inte riktigt färdigt. En konstnär prövar ju olika möjligheter. Han låter ibland verket vila, sover på saken, dröjer vid ett visst moment för att eftertänka innan han går vidare. Innan konstverket är färdigt, innan det fått ett eget liv med egna lagar kan det inte rulla av sig själv. Skaparen kan sätta igång och hejda precis som han vill.

Solen sjunker. Marken är ännu varm av dagens hetta men luften svalkas. Vissa blommor börjar dofta just i detta ögonblick. En svag vindil kommer lövträdens kronor att susa. Men de susar bara lite. Inte så högt att bäckens porlande överröstas.

Träd susa. Bäck porla.

Jaha. Furorna, de där vackra träden han nyligen gjorde ...

103

Om vinden fick växa till storm och gå igenom dem. Det skulle inte låta illa. Blandat med vattenfallens dova ton.

Herran Gud stannar, vilar stödd på sin stav. Hans idéer är sannerligen fruktbara. Det ena ger det andra. Fåglarnas sång har han redan förut hittat på men man kan lyfta ut sången ur deras strupar och göra något fristående.

Herran Gud uppträder för ögonblicket i människoskepnad. Det är för att Adam, som han redan knådat ihop och satt liv i, inte ska känna sig så ensam. När han gjorde djuren, gjorde han flera stycken på en gång så de kan ha sällskap av varann. Men Adam har inget sällskap.

Då Herran Gud i människoskepnad vandrar i sin lustgård är han naturligtvis naken.

Ja naturligtvis är han naken.

Varför skulle han inte vara det?

Det finns ingen teologisk anledning för honom att bära en vit mantel. För övrigt är det varmt.

Men Herran Gud har redan koncipierat den grekiska bild-huggarkonstens guldålder. Han har ifört sig den stadiga kroppen och den ståtliga hållningen hos en av tragöderna. Han kan utan tvekan gå där som han är. Han har skägg men det är inte så långt. Och det blir som det är. Fast givetvis har han för längesen uppfunnit saxen.

Ett ögonblick står Gud stödd mot sin stav och hittar på musiken.

Då han börjar promenera igen ler han lite. Vilken idé. Något för Adam att få.

Herran Gud stannar och ropar:

"Adam, var är du?"

Han vet mycket väl var Adam är, men han ropar sin fråga ändå. Det är rena vänligheten, föregriper barnkammarskojet. Var kan lillen vara? Vart kan lillen ha tagit vägen?

Adam hör Herran Gud men han svarar icke. Det är varken olydnad eller skam som hindrar honom från att svara. Det är Cox Orange. Han har hela munnen full av äpple. Det är inte lätt att då ge sig tillkänna. Gud har till andra av sina skapelser förlänat förmågan att trumpeta genom näsan men inte till Adam.

Ännu en gång ropar Gud:

"Adam, var är du?"

Adam tuggar och sväljer allt vad han orkar och Adamsäpplet flyger upp och ner på hans strupe.

"Hä", stånkar han.

Herran Gud går några steg i den riktning varifrån stånkningen kommer, och genast rusar Vov-Vov emot honom. Vov-Vov är rätt lik en varg. Men han är ingen varg. Han är hunden.

Han skäller och viftar på svansen och hoppar upp mot Gud för att slicka honom i ansiktet, och Gud klappar honom och lugnar ner honom. Och då springer Vov-Vov bakom Herran och stöter honom i knävecket med sin svarta våta kalla nos och så springer han någon bit i förväg, vänder sig om och skäller, springer åter några steg, vänder sig på nytt om och skäller och gör allt vad han kan för att driva dem som hava människoskepnad tillsammans.

Herran ser med välbehag på alla sina verk men naturligtvis har han som alla konstnärer vissa skapelser som han sätter särskilt högt. Till dem hör Vov-Vov. Men i hunden finns något som Gud inte känner igen. Han kan i varje fall inte erinra sig att han lade dit det. Något har kommit till, något har vuxit fram ur det en gång givna. Det förefaller som Vov-Vov numera bar på en het längtan att kunna tala. Det är umgänget med Adam som väckt denna ambition. Han förstår vad Adam säger, men han kan inte svara på samma språk. Fast han försöker att variera sitt skall och sina gnäll, fast han tar hela kroppen till hjälp och viftar med svansen och hoppar och puffar och river med tassarna — det blir ändå inte Adams språk han talar. Han vill så gärna. Men han kan inte. Han har tankar men kan inte uttrycka dem i ord. Den stumma människan. — Det var inte meningen.

— Men Adam pratade med Vov-Vov, och Vov-Vov förstod och så blev det så där.

För tredje gången ropar Herran Gud:

"Adam, var är du?"

"Här Herre", svarar Adam och reser sig upp när den äldre mannen står framför honom — därigenom föregripande den viktorianska tidsåldern.

"Godafton min käre Adam", säger Herran.

Gud ser på sin skapelse. Han har gjort ett snyggt exemplar människa. Det fordrades mycken eftertanke för att nå fram till den rätta avvägningen mellan styrka och smidighet. För smärt gör ett vekt intryck. För stark ett klumpigt. Adam har fått långa raka ben, smala höfter och bredd över axlarna. Gud fick välva bröstet ett par gånger innan han fick det som han ville ha det. Även magen och ryggtavlan fick han ändra på innan de blev bra. Adam har en fri och stolt hållning och muskelspelet i hans kropp när han rör sig är vackert. I stort sett tillfredsställer han så som han nu står inför Herran Gud Michelangelos kommande önskedrömmar. Detta gäller även ansiktet. Det motsvarar ungefär renässansens mannaideal: regelbundet och kraftfullt. Men uttrycket i detta ansikte är något för sig.[1] Man kan inte säga att Adam ser dum ut, hans blick är levande, men ansiktet är barnsligt och tomt. Det är ett oskrivet blad.

"Godafton", säger Adam och ler lite.

Hans leende är förtrollande — ja även ur flirtsynpunkt, för det är vita tänder och en för kyssars givande och tagande mycket välskapad mun, men den frågan är för tidigt väckt — vad som nu är förtrollande är att Adams leende är vänligt överlägset när han ser på Herran Gud, det är leendet hos en ung frisk pojke, när han träffar en gubbe, som han visserligen högaktar och håller av men samtidigt finner lite löjlig.

Herran Gud ser tankfull på detta leende.

"Nå, vad har du haft för dig i dag då, min käre Adam", säger han och lägger sig ner.

Även Adam lägger sig ner vid sidan av Herran. Han lägger sig framstupa, stöder sig på armbågarna, plockar en blå iris som växer framför näsan på honom och luktar på blomman.

1. *något för sig*, something special.

"Ja", säger han. "Ungefär det gamla vanliga. Jag har simmat, jag har klättrat i träna² ... Och så har jag smakat på en ny frukt. Den där — den där, den som växer därborta."

Herran Gud tittar åt det håll Adam pekar, känner igen frukten och säger:

"Jaha, ja, det är chirimoya. Ja, den var inte så dum. Det var den verkligen inte."

"Och så har jag", fortsätter Adam med en viss livlighet. "Och så har jag ridit. Jag har ridit på lejonet. Jag galopperade omkring på Leo hela morronen."

"Leo springer fort", anmärker Gud.

"Ja, han springer mycket fort."

"Vart kom ni?"

"Vi var uppe i klippiga bergen."

"Ville Leo springa dit då?" frågar Gud.

"Det vet jag inte", svarar Adam och skrattar. "Leo kan ju inte tala. Leonie som sprang efter röt väldigt. De röt förfärligt båda två. Men det gör de ju varje dag så jag vet inte vad det betydde."

Hur fick du honom till klippiga bergen då?" frågar Herran Gud.

"Jag styrde honom förstås. Drog jag honom i högra örat sprang han åt höger, drog jag honom i vänstra örat sprang han åt vänster och ryckte jag honom i manen stannade han."

Herran Gud petar med sin stav bland gräs och blommor. Han har hittat på så många att då han nu förstrött rör i dem har han svårt att komma ihåg dem alla. Den där lilla röda ... Jo, det är så sant!

Men han talade om Adams lejonritt.

"Har du ridit på några andra djur förut?" frågar han.

"Ja", svarar Adam. "På åsnan och sköldpaddan och giraffen och kamelen och elefanten och hästen och tjuren."

"Och du styr alla på samma sätt?"

Adam skrattar.

2. *träna*, colloq. form for *träden*, "the trees."

"Nej. Inte sköldpaddan. Han har ju inte fått några öron."

"Nej visst nej", mumlar Herran Gud något generad. Var hade han sina tankar?

Han har arbetat mycket med hörsel och öron. Den saken föll ju fram av sig själv när han hittat på luften. Men somliga fick ytteröron, andra fick det inte. Egentligen ganska intresselösa detaljer, ibland en förstärkningsanordning, ibland bara en dekorativ krumelur. Lustigt är förstås att Vov-Vov och en del andra djur fick öron som de kan ställa in åt olika håll — en mottagningsanordning lämpad för Adam att imitera.

Vov-Vov har lagt sig ner vid sidan av Adam. Han ligger med lyftat huvud, vaksam, redo att på bråkdelen av en sekund vara på benen. Han flämtar lite, den röda tungan hänger ut ur gapet, öronen är spetsade och de bruna ögonen fulla av liv. Då och då ser han på Herran Gud eller Adam, men han möter aldrig länge deras blick. Det är som om han vore generad — kanske lider han av att han inte kan tala?

Men han är mycket vacker då han ligger så där med högburet huvud och stolt hållning, stark, snabb, vaksam och med osynliga trådar bunden till dem som fått människoskepnad. Redan nu kan man se på honom att en gång kommer han att finnas i miniatyrformat i all världens porslinsaffärer, från 25-öresbasarer[3] till Bing & Gröndahl.[4]

Herran Gud ser på Adam och säger:

"Du har blivit väldigt brun."

Adam vänder på huvudet till höger och vänster och ser på sina egna axlar. Han är snyggt kopparbrun.

"Ja, jag är ganska brun", erkänner han.

Och det ska inte förnekas att den gode Adam då han nu talade hade åtskilligt av den så att säga fysiologiskt självbelåtna tonen hos en växtätande nudist. Här finns inga krämpor, bara hälsa och skönhet.

Herran Gud som hejdat solen, låter den nu fullfölja sin bana.

3. *25-öresbasar*, cf. Am. dime store.
4. *Bing & Gröndahl*, exclusive Danish porcelain factory.

Och strax infinner sig den subtropiska natten, alldeles lagom tempererad för att man ska kunna sova naken utomhus. Herran Gud vänder en sekund sina ögon mot himmelen, ungefär som kommendanten på ett slott utan att vara misstrogen dock kastar en flyktig blick ut genom sitt fönster för att kontrollera att nattvakten ryckt ut. Allt är i sin ordning. Stjärnhimmeln gnistrar med sydländsk glöd och nattfåglarna och alla fjärilar och insekter som fått natten till dag de flyger också ut.

Gud gör en rörelse att resa sig.

"Ska du redan gå Herre?" frågar Adam.

Han låter inte ängslig, bara lessen och besviken. Han sätter sig upp och medan han klappar Vov-Vov på huvudet tillfogar han:

"Jag måste erkänna att jag har det lite tråkigt. Ja, naturligtvis är här vackert och här finns mycket att titta på, djur och blommor och utsikter och olika sorters sjöar att simma i. Här är mycket vackert. Men skönhet ger ej lycka som du vet, o Herre. Jag har ingen att prata med. Kan du inte komma lite oftare och stanna lite längre. Jag kan ju lika gärna säga precis som det är: Ibland blir det — ja inte sorgligt eller vemodigt eller så där — men långrandigt, väldigt långrandigt att springa omkring här alldeles ensam. Det är som om jag inte fanns. Jag kunde lika gärna inte ha funnits."

"Käre Adam", säger Herran.

Ur ANIARA

Av Harry Martinson

HARRY MARTINSON (1904–) is the most original of the "Five Young Men" who introduced a new modernistic trend in Swedish literature in the years around 1930. He is a poet, novelist, essayist, and the first proletarian author to become a member of the Swedish Academy.

In Aniara *(1956), which has been called the first great epic of the Atomic Age, we are told how a huge space ship* (goldonder) *with eight thousand passengers on board leaves the radiation-infected Earth for Mars. During the journey Aniara almost collides with an asteroid and plunges on into empty space in the direction of the distant* Lyra *(Lyre), which it will never reach. Gradually the occupants realize that there is no way back, and they also learn about the fate of Earth through an elaborate technical device called* Mima. *When the earth* (Doris) *is finally destroyed, the Mima, which has variously been interpreted as a symbol of art, the conscience of mankind, etc., also collapses under the strain of the ghastly news. The main part of the epic is devoted to descriptions of how the occupants of Aniara react to their strange fate, as in the symbolic poem called* Spjutet *(The Spear). After fifteen thousand years of unabated speed toward* Lyra, *Aniara meets its ultimate destiny.*

1

Mitt första möte med min Doris lyser
med ljus som kan försköna själva ljuset.
Men låt mig enkelt säga att mitt första
och lika enkla möte med min Doris
nu är en bild som var och en kan se
framför sig varje dag i alla hallar

110

som slussar flyktingar till startområdet
för nödutfärderna till tundreklotet
i dessa år då Jorden nått därhän
att hon för strålförgiftnings skull beredes
en tid av vila, ro och karantän.

Hon skriver korten, fem små naglar glänsa
som matta lampor genom salens skymning.
Hon säger: skriv ert namn på denna raden här
där ljuset från min blondhet lyser ner.

Hon säger: detta kort skall ni bevara
och i den händelse att någon fara
av sådan art som anges här å sid
två hundraåtta skakar land och tid
så ska ni komma hit och noga uppge
vad ni kan ha på hjärtat här bredvid.

Till vilken del av Mars ni då vill komma,
till östra eller västra tundran preciseras här.
Att icke strålningssmittad jord i kruka
skall föras med av alla anges där.
Minst tre kubikfot skall av mig förseglas
och bokas in för varje resenär.

Hon ser på mig med det förakt som skönhet
så lätt kan få när den omkring sig ser
hur folk i paragrafers vridna kryckor
i startområdets trappor kravlar upp och ner.
Mot nödutgången hän mot andra världar
ser hon dem jämt försvinna fler och fler.

Den stora löjligheten i att leva
står då så tydlig för varenda en
som år för år försökt att nå en reva

som släpper in en glimt av hoppets sken
i denna hall där nummeremigranter
far upp var gång de hör
en rymdrakets siren.

29

— — —

Ett blixtblått sken slog fram ur mimans skärmar,
ett muller rullade i Mimas salar
likt åskans dån en gång i Doris dalar.
En stöt av fasa genomfor vår skara
och mången emigrant blev söndertrampad
när Mima dog i rymdens Aniara.

De sista ord hon sände var en hälsning
från en som nämnde sig Den söndersprängde.
Hon lät Den söndersprängde själv få vittna
och stammande och söndersprängt berätta
hur svårt det alltid är att söndersprängas,
hur tiden rusar till för att förlängas.

På livets anrop rusar tiden till,
förlängande sekunden då man sprängs.
Hur fasan blåser in,
hur skräcken blåser ut.
Hur svårt det alltid är att söndersprängas.

53

Spjutet

På elfte året fick vi se en syn;
den smalaste, den magraste av syner:
ett spjut som rörde sig i Universum.

Det kom från samma håll som vår goldonder
och böjde inte av men höll sin bana.
Dess hastighet var större än goldonderns,
med följd att spjutet
snabbt drog bort ifrån oss.

Men efteråt satt vi i grupper länge
och talade uppjagat med varandra,
om spjutet, om dess väg och om dess ursprung.
Men ingen visste, ingen kunde veta.
Någon gissade, men ingen trodde.
Det var på något sätt ej till att tro på,
var meningslöst som föremål för tro.
Det bara flög igenom Universum.
Tomhetens spjut gick meningslöst sin bana.
Men ändå hade denna syn
en makt att ändra hjärnorna hos många:
Tre blev galna, en tog livet av sig.
Och ännu en begynte med en sekt,
en skrikigt torr, asketiskt tråkig skara,
som länge bråkade i Aniara.

Så träffades vi lika fullt av spjutet.

103

Jag skruvar lampan ner och bjuder frid.
Vårt sorgespel är slut. Jag återgav
med sändebudets rätt från tid till tid
vårt öde speglat i galaxens hav.

Med oförminskad fart mot Lyrans bild
i femton tusen år goldondern drog
likt ett museum fyllt av ting och ben
och torra växter ifrån Doris skog.

Bisatta i vår stora sarkofag
vi fördes vidare i öde hav
där rymdens natt oändligt skild från dag
en glasklar tystnad välvde kring vår grav.

Vid mimans gravplats stupade i ring
till skuldfri mull förvandlade vi låg
förlossade från bittra stjärnors sting.
Och genom alla drog Nirvanas våg.

Ur VÄGMÄRKEN | Av Dag Hammarskjöld

DAG HAMMARSKJÖLD (1905–61) was a political scientist, diplo-
mat, and Secretary General of the United Nations from 1953 to his
death. He was awarded the Nobel Peace Prize posthumously. In a letter
to a friend he described his Vägmärken (published in English under the
title Markings in 1964), as "a sort of white book concerning my
negotiations with myself and with God."

Gör vad du kan — och uppgiften skall vila lätt i din hand, så
lätt att du med förväntan sträcker dig mot det svårare prov som
kan följa.

Det är när morgonglansen bytts i middagströtthet, när ben-
musklerna skälva vid anspänningen, vägen tycks oändlig och
plötsligt ingenting vill gå riktigt som du önskar — det är då du
inte får tveka.

— — —

> Vägen,
> du skall följa den.

> Lyckan,
> du skall glömma den.

> Kalken,
> du skall tömma den.

> Smärtan,
> du skall dölja den.

Svaret,
du skall lära det.

Slutet,
du skall bära det.

— — —

Pingstdagen 1961

Jag vet ej vem — eller vad — som ställde frågan. Jag vet ej
när den ställdes. Jag minns ej att jag svarade. Men en gång
svarade jag *ja* till någon — eller något.

Från den stunden härrör vissheten att tillvaron är menings-
fylld och att mitt liv därför, i underkastelse, har ett mål.

Från den stunden har jag vetat vad det är att "icke se sig
tillbaka", att "icke bekymra sig för morgondagen".

Ledd genom livslabyrinten vid svarets Ariadnetråd[1] nådde jag
en tid och en plats där jag visste att vägen för till en triumf som
är undergång och till en undergång som är truimf, att priset för
livsinsatsen är försmädelse och förnedringens djup den upp-
höjelse som är människan möjlig. Sedan hade ordet mod
förlorat sin mening eftersom intet kunde tagas ifrån mig.

På den fortsatta vägen lärde jag, steg för steg, ord för ord, att
bakom var sats av evangeliernas hjälte står *en* människa och *en*
mans erfarenhet. Också bakom bönen att kalken måtte gå från
honom[2] och löftet att tömma den. Också bakom vart ord på
korset.[3]

— — —

Lyft ur min dvala,
löst från allt som bundit,
tvagen, tränad, smyckad,
når jag tröskeln.

1. *Ariadnetråd*, Ariadne, in Greek legend, the daughter of Minos and
Pasiphae, led Theseus out of the labyrinth by a thread.
2. *bönen att kalken måtte gå från honom*, the prayer that the cup might
pass from him.
3. *vart ord på korset*, each word from the Cross.

Spord om jag har mod att
gå min väg till slutet
ger jag svaret utan
återvändo.

Bländad ser jag porten
öppnas till arenan
och går ut att naken
möta döden.

Striden börjar. Lugn i
lustfylld kraft jag kämpar
tills de kastar nätet
och jag fångas.

Jag har sett de andra.
Nu är jag den valde
som spänns fast på blocket
för att offras.

Stum min nakna kropp bär
slagen när den stenas.
Stum jag fläkes upp när
hjärtat blottas —

7 juli 60 — våren 61

BOKSYNTHETEN

Av Alf Henrikson

*ALF HENRIKSON (1905–), journalist, playwright, popularizer of
Swedish history and classical mythology, is especially known for his
brilliant poetic commentaries in* Dagens Nyheter.

Om den lärde professorn i litteraturhistoria
med okuvlig idoghet läser en bok om dagen
söndag och vardag i nittio år, då har han läst in
vid pass tjugofemtusenfemhundrafemtio volymer.
Men trettiotusen tavlor med kilskrift på
finns enbart i British Museum, och hundradetusen
band ägde Linköpings[1] läroverk när seklet var ungt.
Så kan det bevisas med enkel aritmetik
att det mesta som människor vet måste tydligen vara
hörsägen, handboksupplysningar; andrahandskunskap.
Och till råga på allt har kineserna skrivit en del.

1. *Linköping*, city in the province of Östergötland in central Sweden.

VOCABULARY

Explanations

The vocabulary does not aim to be exhaustive, since the student is expected to have an elementary knowledge of Swedish. Many, but not all, of the words in the following categories have been omitted: (1) The thousand most common words listed in Allwood-Wilhelmsen, *Basic Swedish Word-List*. (2) Compounds containing the high-frequency words or those listed in the vocabulary. (3) Certain derivatives of words belonging to those two categories, especially nouns ending in *-ande*, *-are*, *-het*, *-inna*, *-(l)ing*, and *-skap*; adjectives in *-bar*, *-(l)ig*, *-lös*, and *-sam*; and verbs in *-na* which indicate a change (e.g., *gulna*: *gul*, *lugna*: *lugn*). Also most compounds with the negative prefix *o-* (*oklok*: *klok*). (4) Cognates which may be recognized easily, such as *brutal*, *hata*, *kritisera*. (5) Proper names and dialect words which are explained in the notes.

The nouns are listed in the customary manner, with the basic singular form followed by the definite singular article (indicating gender) and the indefinite plural ending (*dag -en -ar*). A slanting line within the basic form indicates that only the preceding part of the noun should be used when adding the endings (*tank/e -en -ar*). A dash denotes that nothing is added to form the plural (*kval -et -*). Where no plural is given, it is nonexistent or rare.

The principal parts (infinitive, past tense, and the supine) of strong, irregular, and mixed verbs are given in full. For other verbs these forms are indicated by endings which are to be added to the infinitive or the part that precedes / (*blänk/a -te -t*).

Since the neuter form of the adjective in many cases may be used as an adverb, the latter is not, as a rule, listed separately.

The letters *å*, *ä*, and *ö* are listed at the end of the alphabet in that order.

Abbreviations

abbr. abbreviation	*dial.* dialect
Am. American	*fig.* figuratively
cf. compare	*indecl.* indeclinable
coll. collective	*mil.* military
colloq. colloquial	*pl.* plural
def. definite	*sg.* singular

abborr/e *-en -ar* perch
affisch *-en -er* bill, poster
affär *-en -er* store; business
afton *-en pl. aftnar* evening
aftonbön *-en -er* evening prayer
aftonsång *-en -er* evensong
akt *indecl.* attention: **ge a- på** watch
aktad respected
aktning *-en* respect
akvilej/a (= **akleja**) *-an -or* Columbine
al *-en -ar* alder
alldenstund inasmuch as
allierad allied
allmän general
allmänbildning *-en* general education
allom (old dativ pl. of **all**) to all: **det är inte a- givet** it is not given to everybody, not everyone has this gift
allra of all; most
allsmäktig almighty: **den Allsmäktige** God the Almighty
alltihop all (of it)
allvar *-et* seriousness: **ta på a-** take seriously
altare *-t - (-n)* altar
an: av och a- back and forth; to and fro
an/a *-ade -at* imagine, suspect, sense
anbud *-et -* offer

anda *-n* spirit: **en andans man** clergyman
andaktsbok *-en pl. -böcker* book of devotions
and/as *-ades -ats* breathe
ande *-n* spirit
andetag *-et -* breath
andhämtning *-en* breathing
andlös breathless
an/ge *-gav -gett* or *-givit* state, indicate
anhang *-et* following
ankomst *-en* arrival
anledning *-en -ar* reason, cause
anläggning *-en -ar* establishment
anlän/da *-de -t* arrive
anmärk/a *-te -t* remark, observe
annan other: **ett och annat** a few things
annons *-en -er* advertisement
annorlunda different
anordning *-en -ar* arrangement; device
anrop *-et -* call
anrop/a *-ade -at* invoke
an/se *-såg -sett* consider, think
anseende *-t* reputation
ansenlig large
anskaff/a *-ade -at* obtain, get
anspänning *-en* strain
ansträngning *-en -ar* effort
ansvar *-et* responsibility: **ställa till a-** call to account
antagligen probably

antal -*et* number
anteckning -*en* -*ar* note
anty/da -*dde* -*tt* point to, indicate
anvis/a -*ade* -*at* show, point out
ap/a -*an* -*or* monkey
ap/el -*eln* -*lar* apple tree
apparat -*en* -*er* apparatus, instrument
arbet/a (-*ade* -*at*) **borta** work away from home
armbåg/e -*en* -*ar* elbow
art -*en* -*er* kind
art/a (-*ade* -*at*) **sig** develop, promise
artig polite
arv -*et* - inheritance
arvegård -*en* -*ar* inherited farm
arvfriare -*n* - inheritance wooer
arvtant -*en* -*er* aunt from whom one hopes to inherit
ask -*en* -*ar* ash
asketisk ascetic
ask/lägga -*lade* -*lagt* reduce to ashes
astrakan astrakhan (a kind of apple)
ateljé -*n* -*er* studio
avbrott -*et* - interruption, change
av/bryta -*bröt* -*brutit* break off, interrupt
avdelning -*en* -*ar* section
avgjord decided
avgrund -*en* -*er* abyss: **a-n** the bottomless pit
avgörande decisive, crucial
av/lägga -*lade* -*lagt* render
avlägsn/a (-*ade* -*at*) **sig** leave
avsats -*en* -*er* landing
av/se -*såg* -*sett* be intended, intend
avsked -*et* - farewell; discharge
avskyvärd detestable
avslagen knocked off
avslöj/a -*ade* -*at* expose, unmask
avstann/a -*ade* -*at* stop, cease
avtropp/a -*ade* -*at* troop off
av/vika -*vek* -*vikit* diverge, deviate

avvis/a -*ade* -*at* turn away, reject
avvisande averse, unwilling
avvägning -*en* adjustment, balance
ax/el -*eln* -*lar* shoulder

badkar -*et* - bathtub
bak -*en* behind; buttocks
bakslug insidious
ban/a -*an* -*or* orbit; course
band -*et* - volume
banlinje -*n* -*r* railroad line
banvaktarställe -*t* -*n* lineman's cottage
banvall -*en* -*ar* embankment
barfota bare-foot
barfotalasse -*n* barefooted little boy
bark -*en* bark
barmhärtig merciful
barnafödersk/a -*an* -*or* woman in childbed
barnbarn -*et* - grandchild
barndom -*en* childhood
barnfödd (bred and) born
barnkammare -*n* - nursery
barnläg/er -*ret* -*er* children's camp
barskrapad destitute, penniless
basar -*en* -*er* shop, store
baskermöss/a -*an* -*or* beret
bebo -*dde* -*tt* inhabit, occupy
bedrägeri -(*e*)*t* -*er* deceit, swindle
bedrövad distressed, downcast
bedöv/a -*ade* -*at* stun, stupefy
bedövning -*en* -*ar* anesthetization
befall/a -*de* -*t* order
befar/a -*ade* -*at* fear
be/finna (-*fann* -*funnit*) **sig** be
befri/a -*ade* -*at* free, relieve
befäst confirmed
begagn/a -*ade* -*at* use
be/grava -*grov* or -*gravde* -*grav*(*i*)*t* bury
begravning -*en* -*ar* funeral
be/gripa -*grep* -*gripit* comprehend
begrund/a -*ade* -*at* ponder, think over

begyn/na -*te* -*t*   begin, start
begynnelse -*n*   beginning
be/gå -*gick* -*gått*   commit, do
begåvning -*en* -*ar*   talent; gifted person
behaglig   pleasant
behandl/a -*ade* -*at*   treat
behov -*et* -   need
behärskad   controlled, restrained
bekantskap -*en* -*er*   acquaintance: **göra b- med**   get acquainted with
be/komma -*kom* -*kommit*   receive; agree with
bekräft/a -*ade* -*at*   confirm, endorse
bekymmerslös   free from care
bekymr/a (-*ade* -*at*) **sig**   worry
belgisk   Belgian
belåten   contented, pleased
benmusk/el -*eln* -*ler*   leg muscle
bensin -*en*   gasoline
bere/da -*dde* -*tt*   furnish, give; prepare
bero (-*dde* -*tt*) **på**   be due to
berusad   intoxicated
berätt/a -*ade* -*at*   tell, relate
berättelse -*n* -*r*   story
beröring -*en*   contact
besatt   possessed, bewitched
besegr/a -*ade* -*at*   defeat, overcome
besittning -*en* -*ar*   possession
beskedlig   good, kind
be/skriva -*skrev* -*skrivit*   describe
beskåd/a -*ade* -*at*   look at, inspect
beslut -*et* -   decision
beslut/a -*ade* or *beslöt* -*it*   decide
besluten   determined
bestickande   seductive, attractive
bestyr -*et* -   work: **ha stort b-** have a great deal to do
bestämd   determined, resolute
bestäm/ma -*de* -*t*   decide
bestört   dismayed
besviken   disappointed
besvär -*et* -   trouble; (hard) work
besynnerlig   strange
besök -*et* -   visit

beteckn/a -*ade* -*at*   represent, indicate
betong -*en*   concrete
betrakt/a -*ade* -*at*   regard; look at
betryckt   dejected
beträff/a -*ade* -*at*: **vad mig b-r**   as far as I am concerned
bett -*et* -   bite
betvivl/a -*ade* -*at*   doubt
betydande   important
betydelse -*n* -*r*   meaning; significance
betydligt   considerably
betänksam   deliberate; wary
beundr/a -*ade* -*at*   admire
bevar/a -*ade* -*at*   preserve, retain, keep
bevekande   appealing
bevis/a -*ade* -*at*   prove
bevittn/a -*ade* -*at*   witness
beväxt   covered, overgrown
bi: stå b-   assist, help
bildhuggarkonst -*en*   sculpture
bind/a -*an* -*or*   bandage
bi/sätta -*satte* -*satt*   entomb
bit -*en* -*ar*   piece, a little thing: **b- för b-**   piecemeal
bita *bet bitit*   bite: **b- ihop tänderna**   clench one's teeth
bitter   bitter
bittida   early: **i morgon b-**   (early) tomorrow morning
björk -*en* -*ar*   birch
bland/a -*ade* -*at*   mix
blank   bright, shiny
blek   pale
blekn/a -*ade* -*at*   fade
bli: låta b-   stop, refrain from
blick -*en* -*ar*   eye; glance, look
blid   mild, gentle
bli(va) (*blev blivit*) **vid**   keep (stick) to, remain
blivande   future
blixt -*en* -*ar*   flash; lightning
blixtr/a -*ade* -*at*   flash
block -*et* -   block

blom -*men* blossom, bloom: **stå i b-** be in bloom
blomm/a -*ade* -*at* bloom
blomsterbukett -*en* -*er* bunch of flowers
blomstersäng -*en* -*ar* flower bed
blott only
blott/a -*ade* -*at* expose; bare; disclose
blund -*en*: **få en b- i ögonen** get a wink of sleep
blund/a -*ade* -*at* shut one's eyes
blus -*en* -*ar* blouse
blåst -*en* (strong) wind
blåögd blue-eyed
bläddr/a -*ade* -*at* turn over the pages; skim through
bländ/a -*ade* -*at* dazzle
blänk/a -*te* -*t* shine, gleam, glitter
blö/da -*dde* -*tt* bleed
blöt wet
bofast settled
bok/a -*ade* -*at* book; record
boksynthet -*en* knowledge of books
bonde -*n pl. bönder* farmer, peasant
bordsskiv/a -*an* -*or* table top
borgerlig middle-class, bourgeois
bortom beyond
bortrest gone away
bortvänd turned away
bortåt nearly
boskap -*en* cattle
bostad -*en pl. -städer* dwelling; residence; apartment
boställe -*t* -*n* dwelling
bot/a -*ade* -*at* cure
bott/en -*nen* -*nar* bottom, ground
bottin, -*en* -*er* snow boot, overshoe
brand -*en pl. bränder* fire
brant steep
bras/a -*an* -*or* log fire
bredd -*en* -*er* breadth
bredskuldrad broad-shouldered
brist -*en* -*er* shortage, lack
brista *brast brustit* break, burst: **bära eller b-** bend or break

bro -*n* -*ar* bridge
broms -*en* -*ar* brake
brott -*et* - crime
brottsling -*en* -*ar* criminal
brudgum -*men* -*mar* bridegroom
bruk -*et* - custom
brunn -*en* -*ar* well
brus/a -*ade* -*at* buzz: **b- ut** flare up
brygghus -*et* - brewing house
bryta *bröt brutit* break: **b- mot** break, violate; **b- ut** burst out
bråk/a -*ade* -*at* bother; cause trouble
bråkdel -*en* -*ar* fraction
bråttom: **ha b-** be in a hurry
bräcklig fragile; infirm
bränne -*t* (*dial.*) fuel
bröllop -*et* - wedding
bröstfräs -*et* - frill (on blouse)
bröstvärmare -*n* - chest warmer
buckl/a -*an* -*or* dent
buk -*en* -*ar* belly
bull/er -*ret* noise
bult/a -*ade* -*at* throb
bunt -*en* -*ar* bunch
bus/e -*en* -*ar* ruffian; hooligan
busk/e -*en* -*ar* bush, shrub
by -*n* -*ar* village
bygg/a -*de* -*t* build
bygge -*t* -*en* building; building work
bylte -*t* -*n* bundle
byt/a -*te* -*t* change; **b- om** exchange
byte -*t* -*n* prey; booty
båg/e -*en* -*ar* curve, arc
bäck -*en* -*ar* brook, creek
bädd -*en* -*ar* bed
bägge both
bäng/el -*eln* -*lar* rascal
bänk/a -*ade* -*at* seat
bär -*et* - berry
bära *bar burit* bear; endure: **b- på** bear, be suffering under; **b- eller brista** bend or break

bärg/a *-ade -at* save, rescue; protect

bärgningsbil *-en -ar* tow truck

bäst best: **b- det var** all at once

bäv/a *-ade -at* shake, quiver

böj/a *(-de -t)* **av** bend to one side, swerve aside

bön *-en -er* prayer

chirimoya a tropical American tree

civilistisk civilian

dag *-en -ar* day: **komma i d-n** crop out, come to light

dagbok *-en pl. -böcker* diary

dager *-n* daylight, light

dal *-en -ar* valley

damask *-en -er* gaiter

damm *-et* dust

damm/a *-ade -at* give off dust: **det d-r** the dust is flying

danakonung *-en -ar* king of the Danes

dans/a *(-ade -at)* **slut** finish dancing

dansk Danish

darr/a *-ade -at* tremble, shake

darrhänt with shaky hands; sprawling

de sina his (her, etc.) relations

deckare *-n -* detective novel

dekolleterad low-necked

del *-en -ar* part: **en hel d-** a good deal; **för all (ingen) d-** by all (no) means

desslikes also

diger thick, bulky

dikt/a *-ade -at* write, compose

dimm/a *-an -or* mist, fog

dimmig hazy

direktion *-en -er* management, board

disig hazy

djup *-et -* depth

djärv bold, daring

djävul *-en pl. djävlar* devil

dock/a *-an -or* doll

doft *-en -er* scent, fragrance, smell

doft/a *-ade -at* smell

dold hidden; secret: **i d-om** hidden, in secret

domare *-n -* judge

domn/a *-ade -at* grow numb, go to sleep

dopförrättare *-n -* christener

dov dull, hollow

drag *-et -* feature

dra(ga) *drog dragit* pull; move, go: **d- fram** pass through; **d- ihop sig** contract; **d- in** withdraw, stop; **d- på mun** smile slightly; **d- ut** go off; **d- sig bort** draw back; **d- sig tillbaka** withdraw; **d- sig undan** withdraw, move away

drill *-en -ar* warble

driv/a *-an -or* snowdrift

driva *drev drivit* drive; impel, urge; chase away

dropp/e *-en -ar* drop

drucken drunk

dryft/a *-ade -at* discuss

dryg hard, heavy; good (full)

dräp/a *-te -t* slay, kill

dröj/a *-de -t* tarry, linger, wait; be long

dröjande hesitating

dröm *-men -mar* dream

dug/a *(-de -t)* **till** be capable of

duk/a *(-ade -at)* **fram** put on the table

dumbom *-men -mar* simpleton, fool

dusch/a *-ade -at* take a shower

dussin *-et -* dozen

dvala *-n* trance, lethargy

dygd *-en -er* virtue

dygn *-et -* day and night, twenty-four hours

dyk/a *-te* or **dök** *-t* dive: **d- upp** turn up

dyster gloomy

då och då now and then

dån -*et*   roar, rumble
dån/a -*ade* -*at*   roar
därborta   back there
därefter   accordingly
däremot   on the other hand
därutifrån   from outside
dö *dog dött*   die
död -*en*   death
död/a -*ade* -*at*   kill
dölja *dolde dolt*   conceal
döm/a -*de* -*t*   sentence; judge
döp/a -*te* -*t*   baptize, christen
döv   deaf
döv/a -*ade* -*at*   still, deaden

efter hand   little by little
efterkrigs-   postwar
efterlys/a -*te* -*t*   announce as missing
eftersträvansvärd   desirable
eftertank/e -*en* -*ar*   reflection, consideration
efterträdare -*n* -   successor
eftertänk/a -*te* -*t*   reflect, consider
egendom -*en* -*ar*   property, possession
ehuruväl   although
ek/a -*an* -*or*   small flat-bottomed boat
ekipage -*t* -(*r*)   carriage
ekmålad   oak-stained
ekorr/e -*en* -*ar*   squirrel
ekorrhjul -*et* -   squirrel wheel
elak   mean
eldprov -*et* -   ordeal by fire
eldstad -*en pl.* -*städer*   fireplace
elände -*t*   misery
enbart   alone
enfaldig   silly; simple
engelsman -*nen pl.* -*män*   Englishman
enkel   simple
enlever/a -*ade* -*at*   abduct
ens   even: med e-   all at once
ensak *indecl.*   own business, private affair

enskild   private (person)
enveten   obstinate
enögd   one-eyed
epidemi -(*e*)*n* -*er*   epidemic
er/bjuda -*bjöd* -*bjudit*   offer
erfarenhet -*en* -*er*   experience
erinr/a (-*ade* -*at*) sig   remember
erkän/na -*de* -*t*   confess
erövr/a -*ade* -*at*   conquer, capture
evangeli/um -*et* -*er*   gospel;   evangelierna   the Gospels
evig   eternal: för e-t   for ever
evighet -*en* -*er*   eternity
exemplar -*et* -   specimen

fabrik -*en* -*er*   factory
faggorna *pl.*: är i f-   is brewing
faktum - (-*et*) *pl. fakta*   fact
fall -*et* -   case: i alla f-   anyway
falla *föll fallit*   fall: f- i   burst into;   f- ihop   collapse;   f- någon in   enter a person's head, occur to;   f- sig   happen, be
falsk   false
faml/a -*ade* -*at*   grope
famn -*en*   arms: sluta (taga) i f-   embrace
far/a -*an* -*or*   danger
fara *for farit*   go, travel: f- fram   go ahead; deal;   f- i   fly at, set on;   f- upp   start up;   f- ut   rail, cry out
farofullhet -*en*   dangerousness
fas/a -*an* -*or*   horror, terror
fasad -*en* -*er*   façade, face, front
fasansfull   horrible
fason -*en* -*er*   way, manner
fast   firm
fast/er -*ern* -*rar*   (paternal) aunt
fastlåst   deadlocked
fastn/a -*ade* -*at*   stick, get stuck
fatt: hur är det f-   what is the matter
fatt/a -*ade* -*at*   grasp; arrive at
fatt/as -*ades* -*ats*   be lacking; be the matter with

fattighus -et - poorhouse
fattning -en comprehension
feber -n fever; excitement
fejd -en -er feud
fel -et - fault: **det är f-t** that is what is wrong; **ha f- för sig** be mistaken
felspekulation -en -er wrong speculation
ferniss/a -ade -at varnish
fet fat
fiende -n -r enemy
fingeravtryck -et - fingerprint
fingr/a -ade -at finger
fink -en -ar finch
finurlig shrewd
fixer/a -ade -at look hard at, stare
fjäril -en -ar butterfly
fjäsk -et fuss
fjäsk/a -ade -at fawn
flack/a -ade -at rove
flamm/a -ade -at blaze
flat flat
flin/a -ade -at grin: **f- till** grin a little
flink quick, brisk
flit -en diligence, pains
flod -en -er river; flood
flott stylish
flug/a -an -or fly
fly -dde -tt run away
flygmaskin -en -er airplane
flykt -en flight
flyktig hasty
flykting -en -ar refugee
flyttöl -et - housewarming
fläk/a -te -t slit
fläkt/a -ade -at fan; blow softly
flämt/a -ade -at pant
fläng/a (-de -t) **sönder** tear apart
flöjtspel -et flute playing
fniss/a -ade -at giggle
fnitt/er -ret titter, giggle
fnittr/a -ade -at giggle
fond -en background
fordr/a -ade -at demand, require

format -et - size
fort/fara -for -farit continue
fortfarande still
fort/gå -gick- gått go on
fort/sätta -satte -satt continue
fortsättning -en continuation; future
fram forward: **gå f-** proceed
framfart -en rampaging, ravaging
framgång -en -ar success
framme in front; to the fore: **vara f-** be (get) there
frampå a little later on
framstupa flat (on one's face)
fram/stå -stod -stått appear
framställ/a -de -t show
framsynt foresighted
fram/säga -sade -sagt recite
framsäte -t -n front seat
framtid -en future
framvis/a -ade -at exhibit, display
Frankrike France
fransk French
fred -en peace
fri free: **i det f-a** in the open
friare -n - suitor; coveter
frid -en peace
frihet -en freedom
friskt briskly
fristående independent
fritid -en -er leisure time
fritt: **ha f-** be free
fromma: **komma till f-** be of benefit to
frukt -en -er fruit
frukt/a -ade -at fear
fruktan indecl. fear
fruktansvärd terrible
fruktbar fertile, productive
fruntim/mer -ret -mer woman
fryntlig genial, kindly
fråg/a (-ade -at) **ut** question
främmande strange; foreign
frände -n -r kinsman, relative
fräsch fresh (-looking)
ful nasty: **f- gubbe** perverted man

full full: **lika f-t** nevertheless
fullbord/a -*ade* -*at* complete
fullfölj/a -*de* -*t* complete
fullkomlig perfect
fullständigt completely
fulländad perfect
funder/a -*ade* -*at* ponder, think about
funderare: ta sig en f- take time to think the matter over
fur/a -*an* -*or* pine
furstinn/a -*an* -*or* princess
fusk/a -*ade* -*at* cheat
fy ugh, phew
fyll/a -*de* -*t* fill: **f- år** reach a certain age
fyrkantig square
fyrverkeri -(*e*)*t* -*er* fireworks
få *fick fått* get, receive; be allowed to; have to: **f- fram** obtain
fåfäng vain, futile
fågelholk -*en* -*ar* nesting box, birdhouse
fång/a -*ade* -*at* catch
fångdräkt -*en* -*er* prison dress
fång/e -*en* -*ar* prisoner
fångkost -*en* prison fare (food)
fångvaktare -*n* - jailer, prison guard
fånig foolish
fä -(*e*)*t* -*n* beast: **folk och f-** man and beast
fädernebygd -*en* home of one's forefathers
fädernegård -*en* -*ar* family farm
fädernesland -*et* native country
fägnande pleasing, delightful
fähus -*et* - cowshed, cow barn
fäkt/a -*ade* -*at* fight
fäll/a -*de* -*t* drop, express; lower; fell
fält -*et* - field
fältbordell -*en* -*er* army brothel
fältmarskalk -*en* -*ar* field marshal
fältslag -*et* - battle
fängelse -*t* -*r* prison

fängelsekund -*en* -*er* habitual prisoner
fängsl/a -*ade* -*at* fascinate
färd -*en* -*er* journey, trip, tour
färd/as -*ades* -*ats* travel
färsk fresh
fäst/a -*e* - (or -*ade* -*at*) secure, strengthen; **f- sig vid** become attached to
fästman -*nen* *pl.* -*män* fiancé
fästmö -*n* -*r* fiancée
fö/da -*dde* -*tt* bear children
född born, née
föga (very) little
följ/a -*de* -*t* follow
följaktligen consequently
följe: i f- accompanied by
fönsterrut/a -*an* -*or* windowpane
för/a -*de* -*t* carry, put: **f- skepp** sail; **f- liv** carry on
förakt -*et* contempt, disdain
föraktlig mean
förarg/a (-*ade* -*at*) **sig** get angry
förbandsstation -*en* -*er* first-aid station
förbann/a (-*ade* -*at*) **sig på** swear to
förbannad damned
förbannelse -*n* -*r* curse
förbiten suppressed, restrained
för/bjuda -*bjöd* -*bjudit* forbid
för/bli(va) -*blev* -*blivit* remain
förbryllad bewildered, confused
förbrytare -*n* - criminal
förbud -*et* - prohibition
förbättr/a -*ade* -*at* improve
fördel -*en* -*ar* advantage, gain
fördömd damned
före detta former
förebrå -*dde* -*tt* reproach, blame
före/falla -*föll* -*fallit* seem
före/gripa -*grep* -*gripit* anticipate
före/komma -*kom* -*kommit* occur
föremål -*et* - object
fören/a -*ade* -*at* unite
föreställ/a (-*de* -*t*) **sig** imagine

förfallen dilapidated, neglected
förflugen heedless
förfluten past: **det f-a** the past
förflyttning -*en* -*ar* transfer
för/frysa -*frös* -*frusit* be frostbitten, numb with cold
förfärdig/a -*ade* -*at* make
förgift/a -*ade* -*at* poison
förgrenad ramified
för/gå -*gick* -*gått* pass, disappear: **f- sig** forget oneself (and insult)
förgången past, bygone
förgäves in vain
förhandsbetalning -*en* payment in advance
förhållningsorder *pl.* orders, instructions
förhärj/a -*ade* -*at* ravage
förhäxad bewitched
förklaring -*en* -*ar* explanation
förklokad leavened with wisdom (ironic)
förkovran *indecl.* improvement, progress
förkunn/a -*ade* -*at* announce
förlam/a -*ade* -*at* paralyze
förlik/a (-*te* -*t*) **sig** become reconciled; resign oneself to, stand
förlor/a -*ade* -*at* lose
förloss/a -*ade* -*at* deliver, redeem
förlovning -*en* -*ar* engagement
för/låta -*lät* -*låtit* forgive
förlåtelse -*n* forgiveness
för/lägga -*lade* -*lagt* place, concentrate
förlän/a -*ade* -*at* grant, confer
förläng/a -*de* -*t* lengthen, extend, increase
förlös/a -*te* -*t* deliver
förmå -*dde* -*tt* be able to; endure; **f- sig till** bring oneself to
förmåga -*n* ability, power
förnedring -*en* humiliation
förnek/a -*ade* -*at* deny
förnäm noble, aristocratic
förnär: göra f- hurt, harm

förolyck/as -*ades* -*ats* meet with an accident
förort -*en* -*er* suburb
för/rinna -*rann* -*runnit* run away, pass
förryckt mad, crazy
förrå/da -*dde* -*tt* disclose
försagd timid
försegl/a -*ade* -*at* seal
försig/gå -*gick* -*gått* happen
försiktig careful, cautious
förskans/a (-*ade* -*at*) **sig** take shelter
förskräck/a -*te* -*t* frighten
förskrämd fearful
förskön/a -*ade* -*at* embellish, adorn
förslagenhet -*en* cunning
försmädelse -*n* -*r* scoffing
försmäkt/a -*ade* -*at* languish
förspill/a -*de* -*t* waste
försten/a -*ade* -*at* turn into stone
förströdd absent-minded
förstug/a -*an* -*or* (entrance) hall
för/stå (-*stod* -*stått*) **sig på** understand
förstånd -*et* sense, intelligence
förställning -*en* pretense, feigning
förstärkning -*en* -*ar* strengthening; reinforcement
förstör/a -*de* -*t* destroy
försumm/a -*ade* -*at* neglect
försvarslös defenseless
för/svinna -*svann* -*svunnit* disappear
försäkr/a (-*ade* -*at*) **sig om** make sure
försäkringsbyggnad -*en* -*er* insurance building
försäkringstjänsteman -*nen* *pl.* -*män* insurance employee
försäljare -*n* - salesman
för/sätta -*satte* -*satt* put, place
försök -*et* - attempt
försöksperson -*en* -*er* subject of an experiment; guinea pig
förtegen secretive

förtid: i f- too early
förtjän/a -ade -at deserve
förtret -en annoyance: **vara till f-** cause annoyance
förtro (-dde -tt) sig åt confide in
förtroll/a -ade -at enchant
förtrytsamt indignantly
förträfflig excellent
förtvivlad desperate
förtörst/a -ade -at be consumed with thirst
förundrad surprised
förut/säga -sade -sagt predict, foretell
förvandl/a -ade -at transform, change
förvirrad confused
förvissad assured, convinced
förvisst for sure
förvittr/a -ade -at molder, crumble away
förvräng/a -de -t distort
förvån/a -ade -at surprise
förvåning -en surprise
förväg: i f- in advance
förväntan indecl. expectation
förväxl/a -ade -at mix up, confuse
förälskelse -n -r infatuation
förändr/a -ade -at change

gagn -et use, advantage
galax -en -er galaxy
galen mad, crazy
galla -n bile; gall
gall/er -ret -er grating; bars
gallerfönst/er -ret -er window with a grating
gall/skrika -skrek -skrikit yell, howl
galopp -en gallop: **fatta g-n** catch the idea
galosch -en -er galoshes, overshoe
gammaldags old-fashioned
gap -et - mouth
gardin -en -er curtain
gav/el -eln -lar gable

ge gav givit give: **g- igen** pay back; **g- rätt** declare to be right; **g- sig ifrån** leave; **g-sig på väg** start out; **g- sig tillkänna** make oneself known
gedigenhet -en solidness
gemytlig cozy; cheerful; jovial
generad embarrassed
geni -(e)t -er or -n genius
genmäl/a -de -t reply
genomskinlig transparent
genomskåd/a -ade -at find out; see through
gestalt -en -er figure
geting -en -ar wasp, hornet
gevär -et - rifle
gevärspip/a -an -or rifle barrel
girigbuk -en -ar miser
giss/a -ade -at guess
giss/el -let -el scourge
given given: **ta för g-t** take it for granted
givetvis of course
gjord made: **verka g-** appear arranged
glans -en luster, glitter, brightness
glaskup/a -an -or glass cover
glasskärv/a -an -or glass splinter
glida gled glidit glide, slide
glimt -en -ar glimps
glittr/a -ade -at glitter
glädja gladde glatt make happy; **g- sig** rejoice
glädje -n joy, pleasure
gläns/a -te -t shine, gleam
glöd -en glow
gnav/a (= **gnaga**) -ade -at fret
gnida gned gnidit rub
gnist/a -an -or spark
gnistr/a -ade -at sparkle
gnol/a -ade -at hum
gnugg/a -ade -at rub
gnäll -et whining
godkän/na -de -t pass
godo: hålla till g- med have to put up with; to be welcome to

gosserak   straight like a boy
gott: så g- som   practically;   g- om
plenty of
grad -en -er   degree
gradbeteckning -en -ar   insignia
gran -en -ar   spruce
granat -en -er   shell, hand gren-
ade
grann   fine, beautiful
grann/e -en -ar   neighbor
gransk/a -ade -at   examine
grav -en -ar   grave
gredelin   lilac; purple
Grekland   Greece
gren -en -ar   branch
grepp -et -   grip
grev/e -en -ar   count
grind -en -ar   gate
grinig   surly
gripa grep gripit   seize; move
gripen   touched
gris -en -ar   pig
gropig   full of hollows
grov   coarse; large, thick
grubb/el -let   brooding
grubbl/a -ade -at   ponder
grumlig   clouded, obscure
grund/a -ade -at   establish, start
grund/a (grunna) -ade -at   ponder
grupp -en -er   group
grus -et   gravel
grym   cruel
gryning -en -ar   dawn
gråsparv -en -ar   house sparrow
gråt -en   crying: ha g-n i halsen
have a lump in one's throat
gräl/a -ade -at   quarrel
gräns -en -er   limit, border
gränsbygd -en -er   borderland
gränslöst   terribly
grästorv -en   turf, sod
gräv/a -de -t   dig: g- ner sig
bury oneself
grönska -n   green foliage, greenery
gudskelov   thank goodness
guldålder -n   golden age

gummisnodd -en -ar   elastic string,
rubber band
gumskrott/a -an -or   old hag
gung/a -ade -at   wave, sway; quake
gyck/el -let   jesting
gyckl/a (-ade -at) sig från   get rid
of by joking
gå gick gått   go, pass: det g-r   it
is possible;   g- efter   get, fetch;
g- fram   proceed;   g- fram till
go up to;   g- med   happen, turn
out;   g- ut på   be aimed at;
g- över   subside, pass over
gång -en -ar   passage
gång -en -er   time: (inte) en g-
(not) even
gång(e)skomakare -n -   itinerant
cobbler
gårdsfogd/e -en -ar   overseer
gårdsfolk -et   household; farm
hands
gås -en pl. gäss   goose
gåtfull   mysterious
gåv/a -an -or   gift
gäck -et: driva g- med   make fun
of, fool
gädd/a -an -or   pike
gäll/a -de -t   be valid, true; apply;
be the question of
gärd -en   tribute
gärde -t -n   (tilled) field
gärning -en -ar   work; deed
gäss see gås

ha för sig   be doing
haj/a (-ade -at) till   be startled
hak/a -an -or   chin
hall -en -ar   hall
hals -en -ar   neck; throat; see also
under gråt
halsgrop -en: med hjärtat i h-n   with
one's heart in one's mouth
hamr/a -ade -at   hammer, beat
hand -en pl. händer   hand: efter h-
little by little;   i h-n   by the hand;
hålla sin h- över   look after;

ligga nära till h-s be handy; at hand

handl/a *-ade -at* act: **h- om** be about

handling *-en -ar* act

harmsen angry

harposlag *-et -* harp music

haspl/a (*-ade -at*) **fram** reel off

hast *-en* haste: **i h-** hastily

hast/a *-ade -at* hurry

hastig quick

hastighet *-en -er* speed

hat *-et* hatred

hav *-et -* sea, ocean

havre *-n* oats

heder *-n* honor

hejd/a *-ade -at* stop

hejddlöst uncontrollably

hel/a *-ade -at* heal

helgon *-et -* saint

helhet *-en* entirety

helig holy

hellensk Hellenic

helt och hållet entirely

hembiträde *-t -n* home assistant, maid

hemlig secret

hemlängtan *indecl.* homesickness

hemsk frightful

hemsök/a *-te -t* haunt

hemvist *-et* (*-en*) home

Herran(Gud) the Lord: **i H-s namn** in the name of goodness; **Herrans** awful

Herre *-n* Lord

herr/e *-n -ar* gentleman; master

herregud good gracious

herrskap *-et -* gentleman's family; master and mistress; gentry

het hot

hetsig hot, fierce

hetta *-n* heat

hin the devil: **Har man tagit hin i båten** (så får man ro honom i land) in for a penny in for a pound

hinna (*hann hunnit*) **med** keep up with; get: **så långt hunnen** having gotten that far

hiss *-en -ar* elevator

histori/a *-en -er* story

hitt/a *-ade -at* find: **h- på** invent; find; make up, think out

hittebarn *-et -* foundling

hittebarnshus *-et -* foundling hospital

hittills so far

hjälm *-en -ar* helmet

hjälp/as (*-tes -ts*) **åt** help one another

hjält/e *-en -ar* hero

hjärn/a *-an -or* brain(s)

hjärta *-t -n* heart: **ge med gott h-** bestow out of a full heart; **ha på h-t** have on one's mind

hjärtstyrkande heart-bracing; cordial

holk see **fågelholk**

honnör *-en* salute: **göra h-** salute

hopbiten determined, tense

hopkrupen huddled

hopp *-et* hope

hoppetoss/a *-an -or* imp

hoprull/a *-ade -at* roll up

hopsjunken collapsed

hoptorkad wizened

horisont *-en -er* horizon

hud *-en* (*-ar*) skin; hide

hugg *-et -* cut, stab

hugga *högg huggit* cut; snap

hugsvalelse *-n* comfort

huld *indecl.*: **h- och skydd** home and shelter

huml/a *-an -or* bumblebee

humör *-et* temper

hungr/a *-ade -at* hunger

husbygge *-t -n* house building

hushåll *-et -* household

hyckl/a *-ade -at* simulate, feign: **h- sig till** obtain by hypocrisy

hycklare *-n -* hypocrite

hyckleri *-(e)t* hypocrisy

hydd/a -an -or　hut; cottage
hyll/a -an -or　shelf
hyllning -en -ar　homage; welcome
hyllningskör -en -er　chorus of homage
hyr/a -an -or　rent
håg -en　mind, spirit
håll -et -　direction
hålla höll hållit　hold: **h- av** be fond of; **h- fram** hold out; **h- i** hold; **h- med om** agree; **h- på** be busy, go on; **h- till** be, stay; **h- sig framme** keep oneself to the fore; **h- sig för god** consider oneself above; **h-sig till** stick (hold) to
hållbar　durable, lasting
hållning -en　carriage, deportment
hån -et　scorn
hårband -et -　hair ribbon
häck -en -ar　hedge
hädanefter　from now on
hägg -en　bird cherry, chokecherry
häl -en -ar: **i hälarna** at one's heels
hälsa -n　health
hälsning -en -ar　greeting; message
hämnd -en　revenge
hämt/a -ade -at　fetch, get: **h- sig** recover
hän　away
hän/da -de -t　happen: **det kan (väl) h-** that may be, perhaps
händelse -n -r　event, case, incident
händig　handy
häng/a (-de -t) **sig fast vid**　hang on to
hänsyn -en　regard, consideration
hänsynslös　ruthless, reckless
häpen　amazed, startled
häpnad -en　consternation, amazement
här och var　here and there
häradshövding -en -ar　district judge
härdig　hardy
härhemma　at home

härlighet -en -er　glory, grand thing
härman -nen pl. -män　warrior
härrör/a -de -t　come from
härtagen　abducted
hävd/a -ade -at　maintain, claim
hö -(e)t　hay
höft -en -er　hip
högakt/a -ade -at　esteem, respect
högburen　erect
högdragen　haughty
högfärdig　conceited, haughty
högt　high(ly): **läsa h-** read aloud
högtidlig　solemn: **ta det h-t** take something very seriously
höj/a -de -t　raise
höjd -en -er　height; hill: **på sin h-** at the most
hön/a -an -or　hen
höns -et -　chicken; poultry
hönshjärn/a -an -or　bird brain
höra till see **tillhöra**
hör/a (-de -t) **sig för**　inquire
hörlur -en -ar　hearing trumpet
hörn -et -　corner
hörsel -n　hearing
hörsäg/en -nen -ner　hearsay
hövding -en -ar　chieftain

iakt/ta(ga) -tog -tagit　observe
idé -(e)n -er　idea: **falla på den i-n** take it into one's head
ideligen　continually
idoghet -en　perseverance
iför/a (-de -t) **sig**　assume
igengrodd　grassed over
igång　in motion: **sätta i-** start
ihjäl: **slå i-**　kill
il/a -ade -at　flash, dart
ilsken　angry, fierce
inbillning -en　imagination
inbädd/a -ade -at　embed
infart -en -er　approach, drive
infattning -en -ar　frame
in/finna (-fann -funnit) **sig**　appear
inflyttning -en -ar　immigration

inför/a -*de* -*t* conduct; admit
ingalunda by no means
in/gå -*gick* -*gått* enter into
innandöme -*t* -*n* interior: **jordens i-n** the bowels of the earth
inne/bära -*bar* -*burit* mean
innehållsrik comprehensive; rich
innerligt sincerely
innerst innermost
innerstad -*en* town center
inre/da -*dde* -*tt* lay out, arrange
in/se -*såg* -*sett* perceive
inslagen wrapped up
insomn/a -*ade* -*at* fall asleep
instuder/a -*ade* -*at* rehearse, study up on
insvep/a -*te* -*t* wrap up
in/ta(ga) -*tog* -*tagit* occupy
intern internal; local
intrigant intriguing; plotting
intryck -*et* - impression
inträ/da -*dde* -*tt* enter; begin
inträff/a -*ade* -*at* occur
invalidiserad disabled
irr/a -*ade* -*at* wander about
is/a -*ade* -*at* chill
isande icy
iskristall -*en* -*er* ice crystal
iver -*n* eagerness

jag/a -*ade* -*at* hurry; drive, chase
jord -*en* earth: **gå under j-n** go underground
jordbävning -*en* -*ar* earthquake
julklapp -*en* -*ar* Christmas present
jurist -*en* -*er* lawyer
justitieråd -*et* - judge of the Supreme Court
jämförelsevis comparatively
jämte together with
jäntsläng/a -*an* -*or* lass
järnbeslagen ironbound
järnväg -*en* -*ar* railroad
jätt/e -*en* -*ar* giant

kabal -*en* -*er* cabal, intrigue

kabalistisk scheming
kaj -*en* -*er* quay; embankment
kal bare, naked
kalk -*en* -*ar* cup, chalice
kalufs -*en* -*er* forelock, hair
kamrat -*en* -*er* comrade, pal
kanadensisk Canadian
kant -*en* -*er* edge, side: **hålla sig på sin k-** hold aloof; **från alla håll och k-r** from every direction
kantig sharp-cornered, angular
kaos -*et* chaos
karantän -*en* quarantine
kedj/a -*ade* -*at* chain
kejsare -*n* - emperor
kemi -(*e*)*n* chemistry
kik/a -*ade* -*at* peep, look
kilskrift -*en* cuneiform
kind -*en* -*er* cheek
kines -*en* -*er* Chinese
kist/a -*an* -*or* chest
klag/a -*ade* -*at* complain
klandr/a -*ade* -*at* criticize, condemn
klapp/a -*ade* -*at* pat
klar clear; ready; **på det k-a med** clear about
klar/a (-*ade* -*at*) **sig** get off, escape, manage
klarvaken wide awake
klatschig flashy, bold
klen poor
klichéanstalt -*en* -*er* process engraving establishment
klipp -*et* - newspaper clipping
klipp/a -*te* -*t* clip, cut
klippig rocky: **Klippiga bergen** Rocky Mountains
klippvägg -*en* -*ar* wall of rock; cliff
klirrande -*t* jingling
kliva *klev klivit* climb; tred
klokhet -*en* prudence
klot -*et* - ball; planet
klumpig clumsy

kluven split

klädd dressed

kläder *pl.* clothes: **vara i någons k-** be in somebody's shoes

klänning *-en -ar* dress

klättr/a *-ade -at* climb

klöver *-n* clover

klövj/a *-ade -at* transport on pack horses

knapp short

knip/a *-an -or* fix, pinch

knog/e *-en -ar* knuckle

knopp *-en -ar* bud: **skjuta k-** bud

knopp/as *-ades -ats* bud

knyst *indecl.* sound

knyta *knöt knutit* tie, clench

knåd/a *-ade -at* knead

knä *-(e)t -n:* **stå på k-** kneel

knäck/a *-te -t* break; smash; crack

knäpp/a *-te -t* button

knäveck *-et -* hollow behind the knee

knöl *-en -ar* knob, knot

kofångare *-n -* bumper, cowcatcher

kol *-et -* coal

koll/a *-ade -at* check

kolonn *-en -er* column; line

komma *kom kommit* come: **k-för** occur; **k- på** catch; hit upon; **k- till** be added; **k-till rätta med** manage; make out, find out; **k- vid** concern; **k- över** come upon; **k- sig av** be due to

kommissarie *-n -r* inspector of police

koncipier/a *-ade -at* conceive

konst *-en -er* trick; art

konstap/el *-eln -lar* policeman, guard

konstig strange

konstnär *-en -er* artist

konstruer/a *-ade -at* construct

konstverk *-et -* work of art, masterpiece

kontor *-et -* office

korn *-et -* grain; barley

kors *-et -* cross

korsdrag *-et* cross-draft

korsteck/en *-net -en* the sign of the cross

kort short: **inom k-** shortly

korv *-en -ar* sausage

kost *-en* food

kost/a *(-ade -at)* **på** spend: **det k-r på** it is trying

krafs/a *-ade -at* scratch

kraft *-en -er* strength, power, force

kram/a *-ade -at* hug, embrace; squeeze

krampaktig spasmodic; convulsive; tight

kran *-en -ar* faucet

krav *-et -* demand

kravl/a *-ade -at* crawl

krets *-en -ar* circle

krig *-et -* war

kriminalen *def.* the Criminal Investigation Department

kristlig Christian

Kristus Christ

krit/a *-ade -at* chalk up

krok *-en -ar* corner; hook

kross/a *-ade -at* crush, shatter

kruk/a *-an -or* pot

krumelur *-en -er* flourish; spiral ornament

krus/a *-ade -at* stand on ceremony

krusbär *-et -* gooseberry

krusig curly

kry well, brisk

kryck/a *-an -or* crutch

krypa *kröp krupit* snuggle; creep, crawl

kryst/a *(-ade -at)* **fram** bring out

kräk *-et -* poor thing

kräl/a *-ade -at* crawl

krämp/a *-an -or* ailments

krängning *-en -ar* careening, heeling

krök *-en -ar* bend, curve

krök/a -te -t crook, bend
krön/a -te -t crown; top
kudd/e -en -ar pillow
kul/a -an -or bullet; pill
kull/e -en -ar hill
kullersten -en -ar cobble(-stone)
kulsprut/a -an -or machine gun
kund -en -er customer
kunskap -en -er knowledge
kur/a (-ade -at) skymning sit in the
  twilight (dreaming or talking)
kurv/a -an -or curve, bend
kuslig gruesome
kvadd/a -ade -at crush
kval -et - pain, anguish
kvist/a -ade -at trim the branches
  (off)
kvittr/a -ade -at twitter
kvällsmat -en supper
kvällsvis/a -an -or song at bedtime
kväv/a -de -t choke
kylare -n - radiator
kyrkogård -en -ar cemetery, grave-
  yard
kyrkrått/a -an -or church mouse
kyss -en -ar kiss
kyss/a -te -t kiss
kål -en cabbage
kåsös -en -er woman columnist
käft -en -ar jaw
källare -n - cellar; basement
kämp/a -ade -at fight, struggle
käng/a -an -or boot
känn: ha på k- have an inkling
kän/na (-de -t) igen recognize
kännarmin -en the eye of an
  expert
kännbar considerable, serious
känsl/a -an -or feeling
käring -en -ar old woman
kärleksfull affectionate
kärv/e -en -ar sheaf
kärvänlig affectionate
köld -en cold
köp -et purchase, bargain
köpman -nen pl. -män businessman

kör/a -de -t drive: k- bort chase
  away
körsbär -et - cherry

lad/a -an -or barn
laddad charged; primed
ladugårdspig/a -an -or milkmaid
lag -en -ar law
lag -et order; layer
lag/a -ade -at mend; prepare,
  make
lag/er -ret -er stock: på l- in
  stock, a stock of
lagom just right
lam lame; feeble
land -et pl. - or länder land,
  country
landsväg -en -ar main road, high-
  way
last -en -er vice
lavendel -n lavender
le log lett smile
led -en -er joint; limb; generation
le/da -dde -tt lead: l- till att
  result in
le/das (less) -ddes -tts be longing
  for, miss: l- vid be longing
ledig free: på l-a stunder in one's
  spare time
ledsen see lessen
ledsnad -en distress, sorrow; grief
leende -t smile
lejon -et - lion
lek/a -te -t play; trifle
lem -men -mar limb
lera -n clay
lerig muddy
lessen (ledsen) sad
let/a -ade -at search: l- rätt på
  get hold of, find
levande alive
leverans -en -er delivery
leverer/a -ade -at deliver
levnad -en life
lida led lidit pass (on)
lida led lidit suffer; stand, bear

ligga (*lade lagt*) **av sig** get out of practice
lik *-et* - corpse, dead body
lika gärna just as well
likformad uniform
likvid *-en -er* payment
likvisst nevertheless
likväl nevertheless
likör *-en -er* liqueur, cordial
lindr/a *-ade -at* relieve
linje *-n -r* line
lism/a *-ade -at* fawn
list *-en -er* cunning, craft
lit/a (*-ade -at*) **på** trust; be sure
liv *-et* - life; activity; living thing; waist: **ta l-t av sig** take one's life; **vid l-** alive
livlig lively
livsinsats *-en* life achievement (contribution)
livslabyrint *-en* the labyrinth of life
livsmedel *pl.* provisions
livstids for life
livstycke *-t -n* bodice
livsvandring *-en* course of life
livsviktig vital
ljud *-et* - sound: **inte säga ett l-** not say a single word
ljuga *ljög ljugit* lie
ljung *-en* heather
ljusn/a *-ade -at* become light, brighten up
lock *-et* - lid
lock/a *-ade -at* entice, induce: **l-med på** entice into
lokal *-en -er* place
lokomotivförare *-n* - engineer (engine driver)
loss loose; away: **ta l-** detach, unchain
lott *-en -er* lottery ticket; lot, fate
luden hairy, shaggy
luftflott/a *-an -or* air fleet
lugn/a *-ade -at* calm, quiet
lukt *-en* smell, scent

lukt/a *-ade -at* smell
lummig leafy
lur/a *-ade -at* cheat, trick; lurk
lust *-en* inclination, desire
lustfylld filled with joy
lustgård (*Edens*) *-en* the garden of Eden
lustig merry
lusttur *-en -er* pleasure trip, excursion
lut/a *-ade -at* lean
lutter sheer, pure
ly/a *-an -or* lair, hole
lycka *-n* luck; happiness: **göra l-** be a success
lycklig happy
lyckosam lucky
lyckönskan *indecl.* congratulation
ly/da *-dde -tt* obey
lyft/a *-e* - lift, raise; elevate
lykt/a *-an -or* lantern; lamp; headlight
lyktsken *-et* lamplight
lynne *-t -n* disposition, mood
lys/a *-te -t* light
lyse *-t* light
lysmask *-en -ar* glowworm
lyss *past lyddes* listen
lyte *-t -n* defect, fault
lyx *-en* luxury, extravagance
lågmäld low-voiced, soft
långgrund shoaling, shallow
långrandig tedious
lås *-et* - lock
lås/a *-te -t* lock
låta *lät låtit* sound
låta *lät låtit* let: **l- bli** stop, refrain from
låts/as *-ades -ats* pretend
läcker delicious; choice
läge *-t -n* position
lägenhet *-en -er* apartment
lägg *-et* - section
lägga *lade lagt* lay, put: **l- upp** arrange; place; **l- sig till med** acquire

läk/a -te -t heal
läkare -n - physician
lämn/a (-ade -at) ut give out
lämpad suited
lämplig suitable, fitting
län/da -de -t redound
längd -en -er length
länge long: så l- in the meantime
längs along
längst longest: l- inne deep inside
längt/a (-ade -at) efter long for
längtan indecl. longing
längtansfullt longingly
länstol -en -ar easy chair
läpp -en -ar lip
lär/a -an -or teaching
lärd learned
lärk/a -an -or (sky)lark
lärobok -en pl. -böcker textbook
läroverk -et - secondary school
läs/a -te -t read: l- in study (up); l- över recite (on); prepare
lätt/a -ade -at lighten, ease
lättfärdighet -en -er frivolousness
lättlurad gullible
lättnad -en -er relief
lättsinnig frivolous
löfte -t -n promise
lögn -en -er lie
löjlig funny, ridiculous
löjlighet -en -er absurdity
löp/a -te -t run
löpgrav -en -ar trench
lös/a -te -t release, set free
lösnum/mer -ret -mer single copy
lösöre -t -n personal estate, chattels
lövskog -en -ar deciduous forest, leafy trees
lövsångare -n -willow warbler
lövträd -et - deciduous tree

mager lean, thin; scanty: få det m-t be poorly off
mak/a -an -or wife

mak/e -en -ar husband; (äkta) m-r husband and wife
makt -en -er power
maltkorn -et malt
man -en -ar mane
man -nen pl. män (mil. man) man
mandelblomm/a -an -or white meadow saxifrage
mankön -et the male sex
mannaideal -et ideal of masculinity
mante (dial.) little boy: pass m- look out!
mant/el -eln -lar mantle, cloak
mardröm -men -mar nightmare
markis -en -er marquess (marquis)
marmor -n marble
mask -en -ar worm
massgrav -en -ar common grave
matbord -et - dining table
matsed/el -eln -lar menu
matsked -en -ar tablespoon
matt faint, dim
medalj -en -er medal
medaljong -en -er medallion, locket
medborgare -n - citizen
meddelande -t -n notice
med/el -let -el means; preparation, agent
medelstor of average size
medför/a -de -t take with one
med/ge -gav -gett or givit grant, admit
medhåll -et support
medkänsla -n sympathy
medlem -men -mar member
medsoldat -en -er fellow soldier
medtävlare -n - competitor
medvetande -t awareness
mellankrigsgeneration -en interwar generation
mellanrum -met - interval
men indecl. disadvantage, detriment
menig mil. private
mening -en -ar meaning, idea; sentence

meningsfylld meaningful
meningslös meaningless
metställe -*t* -*n* angling spot
min -*en* -*er* look, expression
minne -*t* -*n* memory
minnesdag -*en* -*ar* memorial day
minnesmärke -*t* -*n* memorial, monument
minsann I can tell you; God knows
minsk/a -*ade* -*at* reduce, lessen
miss/a -*ade* -*at* fail: **m- på** miss, fail
missfall -*et* - miscarriage
missgrepp -*et* - error in judgment
missnöjd dissatisfied, displeased
misstag -*et* - mistake
misstank/e -*en* -*ar* suspicion
misstrogen suspicious, distrustful
misstänksam suspicious
missunnsam grudging
mist/a -*e* - (or -*at*) lost
mittemot opposite
mjaa well
mjuk soft
mjöd -*et* mead
mjöl -*et* flour
mod -*et* courage; spirits: **i hastigt m-** without premeditation; **väl till m-s** in good spirits
modersmål -*et* - mother tongue
modespalt -*en* -*er* fashion column
modetecknersk/a -*an* -*or* woman fashion designer
mogen ripe
moln -*et* - cloud
mondän fashionable
mont/er -*ern* -*rar* showcase
monter/a -*ade* -*at* install
mord -*et* - murder
mordvap/en -*net* -*en* deadly weapon
morgondag -*en* -*ar* morrow: **icke bekymra sig för m-n** take no thought for the morrow
motsats -*en* -*er* contrast: **raka m-n** the exact opposite

mottsatt opposite
motståndare -*n* - enemy, adversary
motsvar/a -*ade* -*at* correspond
motsättning -*en* -*ar* antagonism
mottagningsrum -*met* - visiting room
motvillig reluctant
mudd -*en* -*ar* wristlet
mull -*en* dust; earth
mull/er -*ret* rumbling
mullr/a -*ade* -*at* murmur
muln/a -*ade* -*at* darken
muml/a -*ade* -*at* mumble, mutter
mur -*en* -*ar* wall
murad walled; bricked
mus -*en pl. möss* mouse
muskelspel -*et* play (swelling) of the muscles
muttr/a -*ade* -*at* mutter, grumble
mygg/a -*an* -*or* mosquito
myllr/a -*ade* -*at* throng, swarm
mys/a -*te* -*t* smile contentedly
må -*dde* -*tt* feel, thrive
måhända maybe
mål -*et* - goal
mål -*et* - meal
mål/a -*ade* -*at* paint
målning -*en* -*ar* painting, picture
mån *indecl.* extent
månde *indecl.* may
måne -*n* moon
mångahanda many kinds of
månntro I wonder; do you think?
mäktig powerful
mängd -*en* -*er* large amount (quantity)
människobarn -*et* - human child
människoskepnad -*en* -*er* human form
mänsklig human: **m-t att döma** judging it from the human standpoint
märk/a -*te* -*t* notice, observe
märke -*t* -*n* brand, make
märklig notable
mät/a -*te* -*t* measure

mättnad -en satiety

möd/a -an -or toil; trouble; pains

mödosam laborious

mönst/er -ret -er pattern

mönstring -en -ar mustering, examination

mörd/a -ade -at murder

mörk dark

mörk/er -ret darkness

möss see mus

möte -t -n meeting, encounter: till m-s to meet

nag/el -eln -lar nail

naken naked, nude

nalk/as -ades -ats approach

namnteckning -en -ar signature

narkoman -en -er drug addict

narkotika pl. narcotics

narr -en -ar fool

narr/a -ade -at deceive, fool

narr/as -ades -ats tell fibs, lie

nattduksbord -et - night table

nattfåg/el -eln -lar nocturnal bird

nattvakt -en -er night watchman

nederlag -et - defeat

nedgång -en -ar steps, descent

neg/er -ern -rer Negro

nek/a -ade -at deny

nermörkt pitch-dark

nick/a -ade -at nod

niga neg nigit curtsy

nippertipp/a -an -or pert young thing

nisch -en -er niche

njuta njöt njutit enjoy

noggrann careful

nordost northeast

norrländsk of (from, in) Norrland

norrut northward(s)

nos -en -ar nose

numera now(adays)

nunn/a -an -or nun

ny new: på nytt anew, again

nykomling -en -ar newcomer

nymornad just awake

nymåne -n new moon

nyskuren just sliced

nytjärad newly tarred (creosoted)

nytta -n use, good: göra n- do some good; få n- av benefit by

nå -dde -tt reach; obtain: n- därhän get as far as

någonstans somewhere, anywhere

näbb -en (-et) -ar bill, beak

nämn/a -de -t mention: n- sig call himself

nän/nas -des -ts bring oneself to, have the heart to

när(a) near: ta sig n- be affected profoundly, be hit hard

när/a -de -t nourish, feed

närgångenhet -en -er intrusiveness

närhet -en neighborhood: i min n- near me

närm/a (-ade -at) sig approach; make advances to

närvarande present

näs/a -an -or nose: sätta n-n i vädret put on airs

nät -et - net

näverflak -et - chip of birch bark

nöd -en need, distress, emergency: det går ingen n- på honom he is safe enough, he has nothing to complain of

nödg/as -ades -ats be obliged to

nödig necessary; needful

nödutfärd -en -er emergency flight

nödutgång -en -ar emergency exit

nödvändig necessary

nöjd satisfied

nöjeslysten pleasure-seeking

nöt -en -ter nut

obarmhärtig unmerciful, merciless

obeboelig uninhabitable

obegriplig incomprehensible, inconceivable

obehag -et - trouble

obehaglig unpleasant

obehindrat unimpededly

obotriter *pl.* Obodrites (a Slavic tribe)
obotritisk/a *-an -or* Obodrite woman
off/er *-ret -er* victim; sacrifice
offr/a *-ade -at* sacrifice
oförminskad undiminished, unabated
oförmodad unexpected
oförmärkt without being noticed
oföränderlig constant, invariable
ogillande *-t* disapproval
ogin unobliging
ogrannlaga improper
ohjälplig hopeless
ohygglig terrible
okuvlig indomitable
olyckstillbud *-et -* narrow escape from an accident
olydnad *-en* disobedience
olämplig improper
ombunden bandaged
omdöme *-t -n* judgment
omedelbart immediately
omkull: springa o- run down (into)
omsorg *-en -er* care
omständighet *-en -er* circumstance
omtal/a *-ade -at* mention
omväg *-en -ar* detour
omvändelse *-n -r* conversion
ond evil: det o-a trouble, pains; ett o-t evil, pain; bli o- get angry; göra o-t hurt
ondskefull malicious
onekligen undeniably
ord *-et -* word: ta till o-a begin to speak
ordning *-en* order: få o- på get straight
ork/a *-ade -at* manage, be able to
orkeslös infirm
oro/a *-ade -at* worry
orolig disturbing, disturbed; uneasy
orsak *-en -er* reason
ort *-en -er* place: högre o- higher quarters

ortnamn *-et -* place name
orätt wrong: med o- mistakenly
orörlig motionless
osedlig immoral, obscene
osynlig invisible
otalig countless
otillgänglig inaccessible
otäck dreadful
oumbärlig indispensable
oupphörlig constant
outhärdlig unbearable
outvecklad undeveloped
ovan above
ovanjordslicens *-en -er* surface permit
oxök *-et -* draft oxen
oäkta illegitimate
oändlig endless, boundless, immense

pall *-en -ar* footstool
pann/a *-an -or* forehead
par *-et -* pair: p- om p- in couples
parkeringsplats *-en -er* parking lot
pass *-et -* (narrow) passage
pass: vid p- about
pass/a *-ade -at* fit, suit: p- på take the opportunity
passer/a *-ade -at* pass
pastorsadjunkt *-en -er* curate
paternosterhiss *-en -ar* open elevator
patron *-en -er* cartridge
pek/a *-ade -at* point
pend/el *-eln -lar* pendulum
pendyl *-en -er* mantelpiece clock
penningplacering *-en -ar* investment
pensioner/a *-ade -at* pension (off)
perser *-n -* Persian
pet/a *-ade -at* pick, poke
pig/a *-an -or* servant girl
pigg brisk, lively
pill/er *-ret -er* pill
pina *-n* agony, torture

pingstdag *-en* Whitsunday
pjäs *-en -er* play
placer/a *-ade -at* place; invest
planering *-en* planning
planter/a *-ade -at* plant
plats *-en -er* place; seat
platt flat
plikt *-en -er* duty, obligation
plir/a *-ade -at* blink
plock/a (*-ade -at*) **fram** bring out
plog *-en -ar* plow
plysch *-en* plush
plåg/a *-an -or* pain, torment
plåg/a *-ade -at* torment
plån/a (*-ade -at*) **ut** obliterate, blot
  out
plånbok *-en pl. -böcker* wallet
plåt *-en -ar* plate; sheet metal
pläg/a *-ade -at* (*present plär*) be
  in the habit of
plöj/a *-de -t* plow
plötsligt suddenly
polisonger *pl.* whiskers
popp/el *-eln -lar* poplar
porl/a *-ade -at* ripple
porslin *-et* china; porcelain
port *-en -ar* door, gate
portvakt *-en -er* janitor
prat/a *-ade -at* talk: **p- bredvid
  munnen** blab
preciser/a *-ade -at* specify
presenning *-en -ar* tarpaulin
presenter/a *-ade -at* introduce
press/a *-ade -at* press
pressläggning *-en* going to press
prester/a *-ade -at* produce
prick *-en -ar* dot: **på p-n** to a
  tee
promenad *-en -er* walk
promener/a *-ade -at* stroll, walk
protokoll *-et -* record
prov *-et -* test
prydno: **i sin p-** at its best
prång *-et -* narrow passage, alley
präktig splendid, costly
pränt *-et* text hand; print

präst *-en -er* priest
prästspråk *-et* clerical language,
  i.e., Latin
pröv/a *-ade -at* try, test: **p- på**
  try
pudr/a *-ade -at* powder
puff/a *-ade -at* push, nudge
punschfet punch-blubbery (cf.
  beer-bellied)
pust/a (*-ade -at*) **ut** recover one's
  breath
putslustig droll, funny
pyramidal pyramidal, enormous
pyre *-t -n* little thing, mite
pyssl/a *-ade -at* busy oneself
påfrestande trying
påfund *-et -* idea
påkör/a *-de -t* run (bump) into
pålverk *-et -* pilework, palisade
påmin/na *-de -t* remind
päls *-en -ar* fur coat
pälsverk *-et -* fur piece

rak straight: **r-a motsatsen**
  exactly the opposite
rak/a (*-ade -at*) **sig** shave
ram *-en -ar* frame
rapport *-en -er* report
rasande furious, frantic
rast/a *-ade -at* rest; halt
ratt *-en -ar* steering wheel
reda *-n* order: **hålla r- på** keep
  track of; **få r- på** find out
re/da (*-dde -tt*) **sig** manage
redaktionssekreterare *-n -* editorial
  assistant
redaktör *-en -er* editor
redo ready
redovis/a *-ade -at* account for, re-
  port
reflekter/a *-ade -at* consider
regelbunden regular
reglemente *-t -n* regulations
ren (= **redan**) already
reputerlig reputable
res/a (*-te -t*) **sig** rise, get up

resdräkt -en -er traveling dress
resenär -en -er traveler, passenger
rest -en -er rest: **för r-n** besides
retsam mocking
rev/a -an -or rift; crack
rida *red ridit* ride
ridå -n -er curtain
rikedom -en -ar wealth
rikt/a -ade -at aim
riktning -en -ar direction
ring -en -ar ring, circle: **ta i r-** encircle
ringa small; humble
rinna *rann runnit* flow, drip
ris -et twigs; scrub: **få smaka r-t** get a spanking
risig scrubby
rist/a -te - (or -ade -at) shake
rit/a -ade -at draw
ritt -en -er ride, riding tour
riva *rev rivit* tear: **r- sig** scratch
ro -n peace
ro -dde -tt row
roddtur -en -er row
rodn/a -ade -at turn red, blush
rogivande soothing
roman -en -er novel
rostig rusty
rov -et - prey
rovdjur -et - beast of prey
rubb/a -ade -at disarrange; shake
rull/a -ade -at roll, rotate; reverberate; billow
rund round: **i r-a tre timmar** for three whole hours
runtomkring all around
rus -et - intoxication
rus/a -ade -at rush, run: **r- till** surge in
rut/a -an -or pane
ruttn/a -ade -at rot; decay
ryck/a -te -t pull: **r- till** give a start; **r- ut** turn out
rygg -en -ar back: **vända r-n till** turn one's back
ryggtavl/a -an -or back

rykte -t -n rumor
rymd -en -er space; the heavens
rymdraket -en -er space rocket
rymlig roomy
rynk/a (-ade -at) **pannan** frown
ryslig dreadful
ryta *röt rutit* roar
rå -dde -tt have the power to: **r- för** be responsible for; **r- om** possess
råd *indecl.* means: **ha r-** afford; **veta r-** know how to act
rå/da -dde -tt prevail, rule; advise
rådslag -et - deliberation
råg -en rye
råga: till r- på allt on the top of everything
råk/a -ade -at meet; happen; fall: **r- ut för** get into
rått/a -an -or rat; mouse
räck/a -te -t reach; hand; be sufficient: **r- till** be enough (adequate)
rädsla -n fear
räkning -en -ar bill; counting
rät/a -ade -at straighten
rätt -en right: **komma till r-a med** make out; succeed, manage; **ge r-** agree with
rätt right, quite: **r- det var** suddenly; **stå r-** be right
rättvis fair
rättvisa -n justice
rävaktig foxy
rödkantad red-rimmed
rödnäst red-nosed
röj/a -de -t reveal
rökfång -et - chimney hood
rör/a -de -t touch; stir: **r- vid** touch
rörande touching
rörd touched
rörelse -n -r movement
rötmånad -en the dog days
röv/a -ade -at seize and carry off
rövare -n - robber

saft *-en -er* juice
sakn/a *-ade -at* lack, miss
saknad *-en* regret; longing
sakteligen slowly
saktmod *-et* gentleness
sal *-en -ar* hall
salong *-en -er* drawing room, parlor
salv/a *-an -or* ointment, salve
saml/a *-ade -at* collect, pick up
saml/as *-ades -ats* gather
samling *-en -ar* collection; group
sammanför/a (*-de -t*) med introduce to; bring together
sammansättning *-en -ar* formula
sams agreed
samspråk *-et -* conversation, chat
samtidigt at the same time
samvete *-t -n* conscience
sank marshy
sann true: det är (var) s-t by the way
sanning *-en -ar* truth
sans/a (*-ade -at*) sig calm down
satan Satan: ett s-s a devil of
sats *-en -er* sentence
sax *-en -ar* pair of scissors
schal *-en -ar* shawl
schnitz/el *-eln -lar* Vienna steak, breaded veal cutlet
se *såg sett* see: s- efter check
s- för sig visualize; s- sig för watch out; s- sig tillbaka look back
sed *-en -er* habit, custom
sed/el - *eln -lar* bank note
seg tough
segerkrans *-en -ar* triumphal wreath
sek/el *-let -ler* century
sekt *-en -er* sect
semest/er *-ern -rar* vacation
si (= se) look
sibyll/a *-an -or* sibyl
sid/a *-an -or* page; side. *Abbr.* sid
signatur *-en -er* pen name

signer/a *-ade -at* sign
simm/a *-ade -at* (or *sam summit*) swim
sina see de sina
singl/a *-ade -at* toss
sinne *-t -n* mind; spirit: lägga på s-t worry about
sinnelag *-et* temper, disposition
sinom: i s- tid in due time
sinsemellan between themselves
sippr/a *-ade -at* trickle
sirlig elegant
sistone: på s- lately
sjukhus *-et -* hospital
sjunka *sjönk sjunkit* sink, go down
själ *-en -ar* soul
självbelåten self-complacent; conceited
självklar self-evident
självövervinnelse *-n* self-conquest
skad/a *-an -or* harm, injury
skad/a *-ade -at* hurt, injure; damage
skal *-et -* peel, skin
skal/a *-ade -at* peel, strip
skald *-en -er* poet
skall *-et* bark
skam *-men* shame
skamvrå: stå i' s-n stand in the corner
skank *-en -or* (*-ar*) shank, leg
skapare *-n -* creator
skapelse *-n -r* creation
skar/a *-an -or* group, crowd
skarpsynt sharp-sighted; clever
skatt *-en -er* treasure
sked *-en -ar:* ta s-n i vacker hand give in
sken *-et* light, glow
sken/a *-an -or* rail
skenhelig hypocritical
skepp *-et -* ship
skick *-et* behavior
skicklig skillful
skid/a *-an -or* sheath, scabbard
skildring *-en -ar* description

skil/ja -*de* -*t* distinguish
skil/jas (skils) -*des* -*ts* part
skim/mer -*ret* shimmer, gleam
skina *sken skinit* shine
skinn -*et* skin
skip/a -*ade* -*at* administer
skjul -*et* - shed
skjuta *sköt skjutit* shoot, fire: **s- ned** push down; **s- ut** protrude; dart out; see also under **knopp** and **skott**
skjutluck/a -*an* -*or* sliding shutter
skogsbott/en -*nen* forest floor
skoj -*et* joke
skoningslös merciless
skonsam lenient
skott -*et* - shot; sprout, sprig: **skjuta s-** sprout
skral poor
skraml/a -*ade* -*at* rattle, clatter
skrida *skred skridit* proceed, advance
skridsko -*n* -*r* skate
skrift -*en* -*er* script, (hand)writing
skrik -*et* - cry, scream
skrika (*skrek skrikit*) **till** give a cry
skrikhopp/a -*an* -*or* (*dial.*) cricket
skrikig screaming
skrott/a -*an* -*or* hag
skruv/a -*ade* -*at* screw: **s- fast** screw on; **s- ner** lower, turn down
skrymtare -*n* - hypocrite
skråm/a -*an* -*or* scratch
skräck -*en* terror, horror, fear
skräckslagen panic-stricken
skrä/da -*dde* -*tt* pick, choose
skräll -*en* -*ar* crash, bang, crack
skräm/ma -*de* -*t* scare
skugg/a -*an* -*or* shadow, shade
skugg/a -*ade* -*at* shield, cover
skuld -*en* -*er* debt; fault
skuldmedveten conscious of being guilty
skuldr/a -*an* -*or* shoulder

skum dusky
sky -*dde* -*tt* shun, avoid
skydd -*et* protection; cover
skydd/a -*ade* -*at* protect; cover
skyffl/a -*ade* -*at* shovel
skygg shy
skyldig bound, guilty; in debt
skyll/a (-*de* -*t*) **på** blame
skylt -*en* -*ar* sign
skym/ma -*de* -*t* conceal, hide; get dark: **s- på** get dark
skymning -*en* twilight, dusk; see also **kura s-**
skymningsdager -*n* twilight
skymt -*en* trace
skymt/a -*ade* -*at* appear: **s- förbi** be seen flitting past
skynd/a -*ade* -*at* hurry: **s- på** hurry up
skyttegrav -*en* -*ar* trench
skåd/a -*ade* -*at* behold, see
skåp -*et* - cupboard
skägg -*et* - beard
skäggstubb -*en* bristles
skäl -*et* reason
skälig reasonable
skäll/a -*de* -*t* bellow, bark
skälm -*en* -*ar* rogue, rascal
skälv/a -*de* -*t* tremble
skämt -*et* joke
skänk -*en* -*er* gift, present
skänk/a -*te* -*t* give
skär pink
skär/a -*an* -*or* crescent moon
skära (*skar skurit*) **upp** slice
skärm -*en* -*ar* screen
skärmytsling -*en* -*ar* skirmish
skärpa -*n* severity
sköldpadd/a -*an* -*or* tortoise, turtle
sköt/a -*te* -*t* take care of, manage
skövl/a -*ade* -*at* ravage, ruin
slabbertack/a -*an* -*or* chatterbox
sladd/a -*ade* -*at* sway, skid
slag -*et* - moment; blow
slag -*et* kind: **ett s-s** a kind of
slagfält -*et* - battlefield

slaktning -en -ar killing, massacre

slapp flabby

slappn/a -ade -at flag, abate: s-
till slacken

slick/a -ade -at lick

slingr/a -ade -at wind

slint -en -er slope

slip/er -ern -rar sleeper, railroad
tie

slir/a -ade -at skid

sliskig insipidly sweet; mawkish

slita slet slitit wear; tear: s-
sönder tear asunder; s-s om
fight about

slockn/a -ade -at go out, expire

slott -et - castle

sluk/a -ade -at swallow

slung/a -ade -at throw; rush

sluss/a -ade -at take through a
lock (floodgate)

slut -et end: vara s- be over
(used up)

sluta slöt slutit close; finish: s-
sig om enclose

slutlig final

slutt/a -ade -at slope

sluttning -en -ar slope

slå slog slagit strike: s- armarna
kring put one's arms around;
s- bort drive away; dismiss; s-
ett nummer dial; s- fram burst
out; s- från brush off; s- igen
slam; close; s- ner knock down;
s- upp throw open; break en-
gagement; s- ut wave; burst
into blossom; s- sig ner sit
down

slåss slogs slågitts fight

släck/a -te -t turn out

slädföre -t road conditions for
sleighing

släkt -en -er family

släkting -en -ar relative

släng -en -ar flourish

slänt -en -er slope

släp/a -ade -at drag, lug

släpp/a -te -t release: s- in trans-
mit, admit; s- på turn on

slätt -en -er plain

smak -en taste

smak/a -ade -at taste: s- riset
get a spanking

smal narrow, slender

smek/a -te -t caress

smeknamn -et - pet name

smidighet -en flexibility

smil -et smile

smink/a -ade -at paint, make up,
use rouge

smitt/a -ade -at infect

smuggl/a -ade -at smuggle

smul/a -an -or trifle, bit

smussl/a -ade -at shuffle, smuggle

smyck/a -ade -at adorn

smyg: i s- on the sly

smyga (smög smugit) sig steal,
sneak, creep

små/le -log -lett smile

smålänning -en -ar person from the
province of Småland

småpiffig smart

småskratt/a -ade -at chuckle

småsten coll. pebbles

smått a little: så s- slightly

smädlig infamous

smälek -en disgrace

smält/a -te - (or smalt smultit)
melt

smärt slender

smärt/a -an -or pain, grief

snabb fast, quick

snapp/a -ade -at snatch, pick

sned slanting: på s- sideways

snegl/a -ade -at ogle; glance

snillrik ingenious

snippertippa see nippertippa

snurr/a -ade -at whirl, rotate

snus/a -ade -at sniff: s- och sova
be soundly asleep

snuva -n cold in one's head

snyft/a -ade -at sob

snygg neat

snål stingy
sock/el -eln -lar socle, base, support
sock/en -nen -nar parish
sockerbet/a -an -or sugar beet
sockersöt sweet as sugar
solbrinnande warm from the sun (poetic)
soldat -en -er soldier
solgass -et blazing sun
solkatt -en reflection of the light
son/a -ade -at expiate
sonson -en pl. -söner grandson
sopp/a -an -or soup
sorg -en -er sorrow, grief
sorgespel -et - tragedy
sorgmodig melancholy
spad/e -en -ar spade
spakvatt/en -net smooth water
spalt -en -er column
span/a -ade -at gaze: s- efter look for
spaning -en -ar search; reconnaissance
sparbanks/bok - en pl. -böcker depositor's book, passbook
sparsamhet -en thrift
spegl/a -ade -at reflect, mirror
spel/a -ade -at play; pretend, feign
spenslig slender, slight
spets -en -ar point, tip
spets/a (-ade -at) öronen prick up one's ears
spetsig pointed
spetsmöss/a -an -or lace cap
spetälsk leper
spillr/a -an -or debris; wreck
spindl/a -ade -at sit like a spider and gather provisions
spionage -t espionage
spir/a -an -or spar; slender tree trunk
spis/el -eln -lar stove
spjut -et - spear
sprak/a -ade -at sparkle, crackle
spratt -et - trick

sprattl/a -ade -at flounder (about)
sprick/a -an -or crack
sprida spred spridit spread
spring/a -an -or slit
sprut/a -ade -at inject
spräng/a -de -t burst (to pieces)
spå -dde -tt foretell, predict
spår -et - mark, trace; track
spårhund -en -ar bloodhound
spårvagn -en -ar streetcar, tram
späd tender, slender, young
spänd tense
spän/na (-de -t) fast strap
spänning -en tension; excitement
spänstig elastic
spärr -en -ar gate
spärr/a (-ade -at) upp open wide
spökaktig ghostly
spöke -t -n ghost
spöklik ghostly
spörja sporde sport ask, inquire
stackare -n - poor thing
stadig steady, firm
stam -men -mar trunk
stamm/a -ade -at stutter, stammer
stann/a (-ade -at) kvar remain
stap/el -eln -lar stem
stapl/a -ade -at pile, heap up
starkhet -en strength, power
starkröstad loud-voiced
startknapp -en -ar starter (button)
startområde -t -n take-off area
statyett -en -er figurine
stav -en -ar staff; stick, rod
stearinljus -et - candle
steg -et - step
stel staring; rigid
steln/a (-ade -at) till stiffen
sten/a -ade -at stone (to death)
stenläggning -en pavement
sticka stack stuckit put, thrust; sting
stickande piercing
stig -en -ar path

stiga *steg stigit* rise, increase;
step: **s-in** enter; **s- ned** descend;
s- på come in; **s- upp** get up
stillhet *-en* calm, quietness
sting *-et -* sting, pang
stirr/a *-ade -at* stare
stjärn/a *-an -or* star
stjärnhim/mel *-len -lar* starry sky
stock *-en -ar* log
stockstug/a *-an -or* log house
stolp/e *-en -ar* post, pole
stolskarm *-en -ar* chair back
stolt proud
stoltser/a *-ade -at* pride oneself,
glory (in having)
stopp/a *-ade -at* put: **s- om** tuck
around
storbonde *-n pl. -bönder* farmer
with large holdings
storlek *-en -ar* size
storm *-en -ar* storm
straff *-et -* punishment
straffarbete *-t* hard labor
stram tight; strained, stiff
strand *-en pl. stränder* shore, beach,
bank
strand/a *-ade -at* be stranded
strejk *-en -er* strike
stret/a *-ade -at* strive, struggle
strid *-en -er* struggle
strida *stred stridit* fight
stridbarhet *-en* fitness for fighting;
courage
stridig conflicting
strup/e *-en -ar* throat
stryka *strök strukit* stroke
strål/a *-ade -at* beam
strålförgiftning *-en -ar* radiation
poisoning
strålning *-en* radiation
sträck *-et:* **i s-** at a stretch, in a row
sträck/a *-an -or* distance
sträck/a *-te -t* stretch, extend;
strain: **s- sig** strain; reach out;
s- på sig stretch out; draw
oneself up

sträng stern, severe
sträv rough
sträv/a *-ade -at* strive, struggle;
toil
strävan *indecl.* striving, effort, toil-
ing
strö *-dde -tt* sprinkle; spread
ström *-men -mar* stream; flood;
current
strömm/a *-ade -at* stream, flow
stum mute, silent
stund *-en -er* moment
stundom occasionally, at times
stup/a *-ade -at* fall, be killed
stycke *-t -n* piece; specimen, ex-
ample
stygg mean, bad, wicked
styr *indecl.:* **gå över s-** go to rack
and ruin
styr/a *-de -t* steer
styrk/a *-an -or* strength
styv/er *-ern -rar* small coin: **fat-
tiga styvrar** poor pittance
stå *stod stått* stand; be placed:
s- för vouch for; **s- på** (of
sun) beat down
stål *-et* steel: **tåla kallt s-** put
up with insults
stålhjälm *-en -ar* steel helmet
stånd *-et* state
stånk/a *-ade -at* groan
ståtlig fine, splendid
städ *-et* anvil
städ/a *-ade -at* clean up
städersk/a *-an -or* cleaning woman
ställ/a *(-de -t)* **in** set, adjust
ställd arranged; put in a quandary:
ha det bra ställt be well off
ställe *-t -n* place: **på sina s-n** in
some places
ställning *-en -ar* position
stämm/a *-an -or* voice
stäm/ma *-de -t* agree: **det s-r**
quite right
stämning *-en* atmosphere
ständigt always

stäng/a (-de -t) av   turn off
stänk -et -   touch
stänkskärm -en -ar   fender
stöd -et   support
stö/dja -dde -tt   support, rest, lean
stör/a -de -t   disturb
stört/a -ade -at   fall: s- förbi
   rush past;   s- samman   collapse
stöt -en -ar   shock; blow
stöt/a -te -t   push; bump: s- på
   encounter
suck -en -ar   sigh
suck/a -ade -at   sigh
sugande   exhausting
sukt/a -ade -at   go without
sund   sound
supé -n -er   supper
surr -et   humming
sus -et   sough, murmur
sus/a -ade -at   sough, whisper;
   rush
svag   faint, weak
svalk/a -ade -at   cool
svans -en -ar   tail
svartsjuk   jealous
svedjeland -et -   burn-beat, burned-
   over clearing
svep/a -te -t   sweep; wrap
svett/as -ades -ats   perspire, sweat
svika svek svikit   fail
svindl/a -ade -at   make dizzy: det
   s-r för mina ögon   my eyes swim
svinna bort, see försvinna
svåg/er -ern -rar   brother-in-law
svårighet -en -er   difficulty
svårmodstyngd   gloomy
svägersk/a -an -or   sister-in-law
svälja svalde svalt   swallow
sväll/a -de -t   swell, bulge
sväng/a -de -t   turn
svära svor svurit   swear; vow
svärd -et -   sword
svär/far -fadern -fäder   father-in-
   law
sy -dde -tt   sew
sydländsk   southern

syfte -t -n   purpose, aim
syll -en -ar   sleeper
syn -en -er   sight; vision
synd -en -er   sin; pity
synpunkt -en -er   point of view
syrlig   sourish, acid
sysselsättning -en -ar   occupation;
   work, business
syssl/a -an -or   work, duty, chore
sånär   almost: s- som på   except
   for
sår -et -   wound
säckliknande   bag-shaped; baggy
säd -en   grain; crop
säga (sade sagt) emot   contradict
säkerhet -en   security, safety; con-
   fidence
säll   blissful, blessed
sällsam   strange
sällskap -et   company; companion
sämskskinn -et   chamois
sändebud -et -   messenger
sänk/a -te -t   lower: s- sig   de-
   scend
särdeles   especially
säsong -en -er   season
sätt -et -   way: på s- och vis   in
   a way
sätta satte satt   put; plant: s-
   högt   think highly of
söckendag -en -ar   week-(work-)day
sök/a -te -t   seek, search; look for
sömn -en   sleep
sönder/slå -slog -slagit   break, de-
   stroy
sönderspräng/a -de -t   blow up;
   burst to pieces
söndertramp/a -ade -at   trample to
   bits
söndervittr/a -ade -at   disintegrate,
   crumble
söndrig   broken, torn

tablå -(e)n -er   tableau, scene
tacksägelse -n -r   expression of
   gratitude

tadl/a -*ade* -*at* blame
tafatt awkward
ta(ga) *tog tagit* take: **t- emot** receive; be repugnant, offer resistance; **t- hand om** take care of; **t- igen** take back; **t- om** feel, touch; **t- på** tell on; **t-vägen** go, become of; **t- sig för (med) att** begin; **t- sig in i** get into; **t- sig till** do
taggtrådskrönt with barbed wire on top
takt -*en* -*er* time, pace
tal -*et* - talk; question
tal/as (-*ades* -*ats*) **vid** have a talk
taltrast -*en* -*ar* song thrush
tandlös toothless
tank/e -*en* -*ar* thought
tankfull meditative
tankspridd absent-minded
tapp/a -*ade* -*at* drop; lose
tapp/a -*ade* -*at* let in (out) water
tapper brave
tass -*en* -*ar* paw
tass/a -*ade* -*at* patter
tattare -*n* - gypsy
tavl/a -*an* -*or* tablet; picture
te (-*dde* -*tt*) **sig** appear
teckn/a -*ade* -*at* sign; draw
teckning -*en* -*ar* drawing
teg -*en* -*ar* strip of plowed land
teg/el -*let* -*el* tile; brick
telefonhytt -*en* -*er* telephone booth
terräng -*en* -*er* terrain; ground
tid -*en* -*er* time: **med t-n** as time went on
tidskrift -*en* -*er* magazine; periodical
tidsåld/er -*ern* -*rar* age, generation
tiga *teg tigit* or *tegat* be silent, keep quiet
tigg/a -*de* -*t* beg
tillbakadragen brushed back; reserved
tillbedjare -*n* - adorer, admirer
tillfog/a -*ade* -*at* add

tillfredsställ/a -*de* -*t* satisfy
tillfälle -*t* -*n* opportunity, chance
tillfällig occasional, temporary
tillhör/a -*de* -*t* belong to
till/komma -*kom* -*kommit* be a person's due
tillkänna see **ge sig tillkänna**
tillrygga/lägga -*lade* -*lagt* travel the distance (of), cover
tillräcklig sufficient
tillskrynkl/a -*ade* -*at* crumple (crease) up
till/stå -*stod* -*stått* admit
tillvara/ta(ga) -*tog* -*tagit* look after, protect
tillvaro -*n* existence; life
tillverkning -*en* -*ar* preparation
tillväxt -*en* growth: **vara på t-** be growing
tillåta *tillät tillåtit* permit, allow
tillägg -*et* - addition
tillägga *tillade tillagt* add
tindr/a -*ade* -*at* sparkle
ting -*et* - thing
tiooöring -*en* -*ar* ten-öre piece
tissl/a -*ade* -*at* tittle-tattle
titt/a -*ade* -*at* look: **t- efter** look and see; **t- över** look through
tituler/a -*ade* -*at* call, address
tja(a) well
tjur -*en* -*ar* bull
tjut -*et* shriek
tjuta *tjöt tjutit* howl; cry: **t- med ulvarna** run with the pack, do as others do
tjuv -*en* -*ar* thief
tjän/a -*ade* -*at* serve: **det t-r ingenting till** it is (of) no use
tjänst -*en* -*er* service, duty
tjära -*n* tar
tobakspung -*en* -*ar* tobacco pouch
toff/el -*eln* -*lor* slipper
tomhänt empty-handed
torg -*et* - square, marketplace
tork/a -*ade* -*at* dry
torn/a -*ade* -*at* tower aloft; arch

torpare -n - crofter

toss/a -an -or silly little thing

tragöd -en -er tragedian

trakt -en -er district, region

tramp/a -ade -at tramp, walk

trapp/a -an -or stairway, (flight) of stairs

tras/a -an -or rag

trav -et (or -en) trot: hjälpa på t-n give a cue

trav/a (-ade -at) omkring walk about

trespaltig three-column

trev/a -ade -at grope, feel

trevnad -en comfort, happiness

tripp/a -ade -at trip along

triv/as -des -ts be happy

trivsam homish, cozy

trivsel -n comfort, happiness

tro -n belief

trogen faithful

trollbunden spellbound

tron/a -ade -at be throned, sit in state

troskyldig frank; naive

trots -et defiance

trots in spite of

trumpet/a -ade -at trumpet

trumpetstöt -en -ar trumpet call

trupper (pl.) troops, forces

tryck/a -te -t press, push; depress

trygg safe

tryta tröt trutit fail; come to an end

tråd -en -ar thread

tråkig dull: ha (det) tråkigt have a dull time

trång narrow

trädgårdsgång -en -ar garden path

trädlös treeless

träff/a -ade -at meet; hit

trän/a -ade -at train, practice

träng/a -de -t force, push: t-genom penetrate, come through; t- sig på force oneself upon

trätoff/el -eln -lor wooden slipper

trög slow

trösk/el -eln -lar threshold

tröst -en consolation

tröst/a -ade -at console: t- på depend on

trötthet -en weariness

tu two

tugg/a -ade -at chew

tumm/e -en -ar thumb

tumänd/e -en -ar thumb tip

tungspets -en -ar tip of the tongue

tur -en turn; luck: det var t- it was lucky

tur -en -er trip; figure

turistig touristy

tusende thousandth; thousand

tuv/a -an -or grassy hillock, tuft

tvagen washed, cleansed

tvek/a -ade -at hesitate

tvekan indecl. hesitation

tvilling -en -ar twin

tving/a -ade -at (or tvang tvungit) force

tviv/el -let -el doubt

tvungen forced: vara t- have to

tvång -et constraint

tvär cross; steep

tvärs över straight across

tvärtom the opposite; on the contrary

tvärtystn/a -ade -at become suddenly silent

tyck/a (-te -t) om like

tydlig plain, clear, obvious

tyn/a -ade -at decline

tyng/a -de -t weigh, burden; press heavily

tyngd -en -er weight

tysk German

tystn/a -ade -at become silent; cease speaking

tystnad -en silence

tyvärr unfortunately

tå -n -r toe: på t- on one's toes

tåg/a -ade -at walk in procession

tål/a -de -t bear, endure, stand

tålamod -*et* patience
täck/a -*te* -*t* cover
täcke -*t* -*n* (bed-)quilt
täckning -*en* cover, provision
täckord -*et* - pseudonym
tälj/a -*de* -*t* carve, whittle
tämligen pretty, rather, fairly
tän/da -*de* -*t* light
tändsticksask -*en* -*ar* matchbox
tänk/a (-*te* -*t*) **sig för** think the matter over
tätt closely, tightly, thickly
töm/ma -*de* -*t* empty
törne -*t* -*n* thorn
törnros -*en* -*or* rose
törnrosbusk/e -*en* -*ar* rosebush
tös -*en* -*er* girl, lass

udd -*en* -*ar* point
udd/e -*en* -*ar* point, promontory
uggl/a -*an* -*or* owl
ulv -*en* -*ar* wolf: **tjuta med u-a** see **tjuta**
umgänge -*t* -*n* company
undanflykt -*en* -*er* escape
undantagandes except
und/er -*ret* -*er* wonder
underbar wonderful
underfund: komma u- med find out, get to know
undergivenhet -*en* submission
undergång -*en* downfall; destruction
underjorden the lower regions
underkastelse -*n* surrender; submission
underlig strange
underlydande -*n* - subordinate
underläpp -*en* -*ar* under (lower) lip
undermålig deficient
underverk -*et* - miracle, wonder
undfly -*dde* -*tt* escape (from)
und/vika -*vek vikit* avoid
ungdom -*en* youth
ungefär about: **u- som** very much like

ungmö -*n* -*r* maiden
upp- och nedvänd (turned) upside down
uppbygg/a -*de* -*t* build up
uppbygglig edifying
uppdrag -*et* - commission, task
upp/finna -*fann* -*funnit* invent
uppfostr/a -*ade*-*at* bring up, educate
uppfö/da -*dde* -*tt* bring up
uppför/a (-*de* -*t*) **sig** behave
upp/ge -*gav* -*gett* (-*givit*) state, report
uppgift -*en* -*er* task
uppgjord settled
uppgång -*en* -*ar* stairs
upphöj/a -*de* -*t* raise; elevate
upphör/a -*de* -*t* cease
uppjagad overexcited, heated
uppkall/a -*ade* -*at* name
upplysning -*en* -*ar* information
upplyst lit up, illuminated
uppman/a -*ade* -*at* urge, incite
uppmaning -*en* -*ar* appeal, invitation
uppmuntr/a -*ade* -*at* encourage
uppmärksam attentive: **göra u- på** call attention to
uppmät/a -*te* -*t* measure, survey
upprep/a -*ade* -*at* repeat
uppretad provoked
uppriktig candid: **u-t sagt** to be honest
upprinnelse -*n* origin
upprätt upright, erect
upprättelse -*n* redress
upprörd upset
uppskatt/a -*ade* -*at* appreciate
upp/skjuta -*sköt* -*skjutit* postpone
uppsluk/a -*ade* -*at* absorb
uppspelt in high spirits
uppspår/a -*ade* -*at* discover, trace out
upp/stå -*stod* -*stått* arise; appear
uppsök/a -*te* -*t* go to see
upp/ta(ga) -*tog* -*tagit* occupy; take up

upptagen occupied; busy
uppträ/da -dde -tt behave; appear
upptäck/a -te -t discover, detect
upptäckt -en -er discovery
uppväck/a -te -t awaken
uppåtväg -en -ar way up
urminnes from time immemorial
urn/a -an -or urn
ursprung -et - origin
ursäkt -en -er excuse
utbre/da -dde -tt spread, extend
ut/brista -brast -brustit exclaim
utbrott -et - outburst
utbyt/a -te -t exchange
utböling -en -ar outsider
uteslutande exclusively, solely
uteslutet out of the question
utflykt -en -er excursion, trip
utflytt/a -ade -at emigrate
utför/a -de -t perform
ut/ge -gav -givit put out; spend
ut/gjuta (-göt -gjutit) sig pour out one's feelings, unburden oneself
ut/gå -gick -gått start, proceed
utkant -en -er outer edge
utmanande defiant
utmärkt excellent, fine
utnyttj/a -ade -at make use of, exploit
utomhus outdoors
utomlands abroad
uträkning -en -ar calculation
utsikt -en -er view; prospect
utskratt/a -ade -at ridicule
utslagen smashed
utsliten worn out
utströdd scattered
ut/sätta -satte -satt expose
uttryck -et - expression
uttryck/a -te -t express
utök/a -ade -at increase

vackl/a -ade -at totter, falter
vagn -en -ar car
vagnsmörja -n grease
vaken awake

vaksam watchful
vakt -en -er guard
vaktare -n - guard
vaktmästare -n - office boy; attendant
valk -en -ar pad, roll
vall -en -ar rampart, wall; embankment
van skilled, used to
vandr/a -ade -at walk, wander, stroll
vank indecl. defect, flaw
vanlig usual: det gamla v-a the same old thing
vanprydande disfiguring, unsightly
vansinnig insane, mad
vanvett -et madness
vap/en -net -en weapon
vapenlycka -n luck in war
var/a -an -or goods
var/a -ade -at last, last long
varannan every other: om vartannat by turns
varda vart vordet be, become
vardag -en -ar weekday
vare sig either
varg -en -ar wolf
varier/a -ade -at vary
varn/a -ade -at warn
varsamhet -en caution
varsn/a -ade -at notice, perceive
varvtal -et - layer
varå at what
vass sharp, keen
vattenfall -et - waterfall
vax -et wax
ve woe
vederbörande indecl. party (person) concerned
vek weak, soft
vemod -et melancholy, sadness; tristesse
vend -en -er Wend (the Wends, a Slavic people in northern Germany)
verk -et - work: i själva v-t actually

verk/a -ade -at   appear, seem
verkning -en -ar   effect
verksamhetsfält -et -   field of activity
verk/stad -staden -städer   workshop
veta (visste vetat) av   have to do with, accept
vetskap -en   knowledge
vett/a -e -at   face
vida   widely
vidare   further, more: tills v- for the present; föra v- pass on; och så v- and so on
vidd -en -er   expanse; tract
vidrig   disgusting
vidrör/a -de -t   touch
vift/a -ade -at   wag; wave
vik -en -ar   bay
vika vek vikit (vikt)   yield: v- ihop fold up; v- in på turn into
vikt -en   importance
viktig   (self-)important
vila -n   rest
vil/a -ade -at   rest
vild   wild
vilj/a -an -or   will; desire
vilja (ville velat) sig väl   turn out well
vill/a -an -or   bungalow, cottage
villig   willing; ready
vilse(n)   gone astray, stray
vin -et -er   wine
vinbär -et -   currant
vind -en -ar   attic, garret
vindil -en   gust of wind
vindrut/a -an -or   windshield
vindsvept   wind-swept
ving/e -en -ar   wing
vingeslag -et -   wing stroke
vinjett -en -er   vignette
vink/el -eln -lar   angle
vinröd   wine-colored
vinst -en -er   dividend; lottery prize
viol -en -er   violet
vis -et -   way; see also sätt
vis   wise

vis/a -an -or   song, ditty
visk/a -ade -at   whisper
viss   certain
visserligen   to be sure
vissn/a -ade -at   fade, wilt
vist/as -ades -ats   stay
visthus -et -   provision shed, larder
vitsipp/a -an -or   wood anemone
vittn/a -ade -at   testify
vrak -et -   wreck
vrede -n   wrath, anger
vredgad   angry
vredg/as -ades -ats   get angry
vresig   cross, sullen
vrida vred vridit   turn, twist
vrå -n -r   corner
vräk/a -te -t   throw; push
vuxen   grown-up, adult
vykort -et -   picture postcard
våd(e)lig   dangerous, risky
våg -en -or   wave
våg/a -ade -at   dare
våld -et   violence, assault
våldsam   violent, intense
våldsverkare -n -   assaulter, assailant
våld/ta(ga) -tog -tagit   rape
våll/a -ade -at   cause
vånd/as -ades -ats   suffer agony
våning -en -ar   apartment
vård -en   protection, care
vård/a -ade -at   take care of, look after
vårlyse -t   light of spring
väck/a -te -t   wake; bring up, raise
väderbiten   weather-beaten
vägkant -en -er   roadside
välbehag -et   pleasure
välbehållen   safe and sound
väldig   immense, vast, huge
välja valde valt   choose
välkänd   well-known
väll/a -de -t   well
välmåga -n   well-being; prosperity
välsedd   popular

välsignad blessed, blissful
välsignelse *-n -r* blessing
välskapad well-shaped
vältr/a (*-ade -at*) **sig** wallow
välv/a *-de -t* vault, arch; roll
vändplog *-en -ar* turnwrest plow
vänja *vande vant* get accustomed
vänt/a (*-ade -at*) **sig** expect
väntan *indecl.* waiting; expectation
värd worth; worthy
värdefull valuable
värdig dignified
värj/a (*-de -t*) **sig** defend oneself
världsbrand *-en pl.* **-bränder** world
conflagration
väsen *-det -den* being; essence;
noise
väsk/a *-an -or* bag
väsn/as *-ades -ats* make a noise
växt *-en -er* plant; herb
växtätande herbivorous
vördad esteemed

ylare *-n -* howler
yllestrump/a *-an -or* woolen stock-
ing
yngling *-en -ar* youth, young man
ypp/a *-ade -at* reveal, disclose
yr/a *-de -t* whirl, swarm
ytterligare further; another
ytterst extremely
ytterör/a *-at -on* external ear
yttr/a *-ade -at* utter, mention
yttrande *-t -n* remark
yvig bushy, thick
yx/a (*-ade -at*) **till** shape in the
rough
yxhammare *-n -* (or *-hamrar*) ax
head

å *-n -ar* (small) river, stream
åk/er *-ern -rar* (tilled) field
åld/er *-ern -rar* age
ång/a *-ade -at* steam
ånger *-n* repentance, remorse
ångest *-en* agony, dread

ångr/a *-ade -at* regret
år/a *-an -or* oar
åratal: i å- for years
ås *-en -ar* ridge
åska *-n* thunder
åsn/a *-an -or* donkey; ass
åstad off, away
åter again; on the other hand
åter/ge *-gav -gett* (*-givit*) render,
report
åter/gå *-gick -gått* return
åter/se *-såg -sett* see again
åter/stå *-stod -stått* remain, be left
åter/ta(ga) *-tog -tagit* resume
återvän/da *-de -t* return
återvändo: ingen å- no turning
back; **utan å-** irrevocably
åtlöje *-t* ridicule
åtskillig a good deal: **å-a** quite
a few
åvil/a *-ade -at* rest upon, be one's
duty

äckl/a *-ade -at* nauseate, disgust
ädel precious, noble
ädelboren noble-born
äkta genuine; married
äktenskap *-et -* marriage
älskarinn/a *-an -or* mistress
älskling *-en -ar* darling
älskvärd amiable
ämne *-t -n* subject; compound;
making(s)
ända *-n* end: **dagen i ä-** all day
long; **ä- till** until
ändr/a *-ade -at* change
ändå still
äng *-en -ar* meadow
äng/el *-eln -lar* angel
ängsl/a (*-ade -at*) **sig för** worry
about
ängslig worried, anxious
äpple *-t -n* apple
ärelystnad *-en* ambition
ärende *-t -n* errand: **gå ä-n** run
errands

ärr -*et* - scar
ätt -*en* -*er* family
äventyr -*et* - adventure

öde -*t* -*n* fate, destiny
öde deserted; empty: **lägga ö-**
ruin
ödmjuk humble
ödslig desolate, deserted
ögonblick -*et* - moment
ögonbryn -*et* - eyebrow
ögonlock -*et* - eyelid
ök/a -*ade* -*at* increase
ömhet -*en* tenderness; affection
önskedröm -*men* -*mar* wishful
thinking
örfil -*en* -*ar* box on the ear
österled: **i ö-** eastwards
öv/a -*ade* -*at* practice
över/driva -*drev* -*drivit* exaggerate
överdådig extravagant
överens agreed

övergiven abandoned; lonely
över/gå -*gick* -*gått* change; pass
överinseende -*t* supervision
överklass -*en* upper class
överkomlig reasonable
överkänslig hypersensitive
överlacker/a -*ade* -*at* apply lacquer
or paint over something
överlägsen superior; supercilious
övermakt -*en* superior power; odds
överman *indecl.* superior
överrask/a -*ade* -*at* surprise
överröst/a -*ade* -*at* sound louder
than, drown one's voice
överst/e -*en* -*ar* colonel
överstelöjtnant -*en* -*er* lieutenant
colonel
översvämm/a -*ade* -*at* flood
övertyg/a -*ade* -*at* convince
övning -*en* -*ar* exercise, practice
övrig remaining, other: **för ö-t**
besides; **i ö-t** in other respects